世界名人非常之路

南丁格尔

现代护理事业的奠基人

王翠玉◎编著

中国社会出版社

国家一级出版社 · 全国百佳图书出版单位

"世界名人非常之路" 编委会

主　　任：刘明山

编　　委：周红英　王汉卿　高立来　李正蕊　刘亚伟　张雪娇

　　　　　方士娟　刘亚超　张鑫蕊　李　勇　唐　容　蒲永平

　　　　　冯化太　李　奎　李广阔　张兰芳　高永立　潘玉峰

　　　　　王晓蕾　李丽红　邢建华　何水明　田成章　李正平

　　　　　刘干才　熊　伟　余海文　张德荣　付思明　杨永金

　　　　　向平才　赵喜臣　张广伟　袁占才　许兴胜　许　杰

　　　　　谢登华　衡孝芬　李建学　贺欣欣　刘玉磊　王莲凤

　　　　　刘振宇　张自粉　苗晋平　卓德兴　徐文平　王翠玉

写在前面的话

童年时代的夏夜，我和小伙伴们时常躺在家乡的草坪上，仰望着美丽的星空，偶尔还能看见流星划过，那时的欢呼与过后的惊诧至今仍历历在目。冬天的早晨，我们则常常流连于冰雪覆盖的小路，经常因堆雪人和打屋檐的冰凌锥而忘记了上学。当然，春天和秋天对于孩子们来说，更是大自然赐予最慷慨、最丰厚的时候。无论是春花的烂漫还是秋果的诱人，至今都是我心中最温暖的回忆。

随着年岁的增长，许许多多扑朔迷离的自然现象，构成了一个又一个神秘莫测的奥秘。自然界的事物不再只是心头美丽的驻足，而是慢慢地变成了诸多诱使我去探索的动力。幸好，学校的数、理、化、生物等课程给了我一些答案。但是，课本的知识毕竟十分有限，而阅读课外书籍给了我巨大的帮助。

在成长过程中，随着知识的增加，我的好奇心也越来越强，迫切地想要了解那些发明创造的过程和那些奇思妙想的主人。是谁捡到了那只证明了万有引力的苹果？是谁让漆黑的夜晚亮如白昼？是谁开启了工业时代的大门？又是谁让人类迎来了飞天的奇迹？是他们，站在科技前沿的科学家们，带着诸多疑问，不断地对我们生存的空间进行研究，渴求破译这充满超自然现象的世界。是他们一步步带领着我们进入科技时代。

茫茫宇宙中是否还存在其他智慧生物？如何科学地解释人体与自然的离奇现象？他们用不断探索的精神引领我们认知世界，辨别真伪。我们为他们的创造精神而感动，为他们的科研成果而骄傲，更为他们对人类的贡献表示由衷的感谢！

写在前面的话

被逼"退学"的发明大王爱迪生，中国现代数学之父华罗庚，带给人类动力的发明家瓦特，太空探索的先驱者布劳恩，实验科学研究的先驱伽利略，为人类插上翅膀的莱特兄弟，放射性元素之母居里夫人……我们将这些科学家的故事汇集起来，编撰成册，希望能让读者朋友们全面了解他们的一生和那些与他们无法分离的伟大事迹，使大家从中有所收获。

就让我们一同走近这些科学家，了解他们发明创造背后的故事，让他们的成长历程启示我们；让他们的挫折坎坷激励我们；让他们的灵感火花指引我们，让我们站在巨人的肩膀上，走向更高的目标，实现更伟大的理想！

"世界名人非常之路"大型系列丛书之"科学家成长之路"篇，就是这样一套专门拓展中学生科学视野，提高科学素养的图书。让我们沉醉于神奇、瑰丽的大千世界之中，感受科技的强大，伟人的魅力，从而启迪智慧，丰富想象，激发创造，培养青少年热爱科学、献身科学的决心，以及热爱人类、保护环境的爱心。

丛书紧密结合当前中学教材中涉及的历史名人，以及物理、化学、生物、地理、天文、材料、医学、能源、环境、航空航天等多方面的科学知识。在这里，科学家的成功不再神秘，愿科学家的成长之路能够成为你开启成功之门的金钥匙。

年轻的朋友们，让知识为你们的梦想插上科学的翅膀吧！

人 物 简 介

❧ 生卒与经历 ❧

弗罗伦斯·南丁格尔（Florence Nightingale，1820～1910），她是世界上第一个真正的女护士，创建了世界上第一所正规的护士学校，开创了现代护理事业，是现代医学护理教育的奠基人。

南丁格尔自幼就怀有崇高的理想，她认为生活的真谛在于为人类做出有益的事情。做一个好护士，是她生平唯一的愿望。为了这个夙愿，她把自己的一生都献给了护理事业。

1854年克里米亚战争爆发，南丁格尔率领38名护士抵达前线。她在前线医院健全管理制度，提高护理质量，竭尽全力排除各种困难，仅用了半年左右的时间，就使伤病员的死亡率由原来的42%降至2.2%，她的功绩得到了大家的认可。由于每个夜晚她都手执风灯巡视病房，因此被战地士兵称为"提灯女神"。

1860年，南丁格尔在英国圣托马斯医院创建了世界上第一所正规的护士学校，这就是南丁格尔护士学校。随后，她又创办了助产士及经济贫困的医院护士培训班，大量培训现代护士，为护理事业的发展作出了重大贡献。

1907年，南丁格尔获得英王颁发的功绩勋章，随后她又发起组织了国际红十字会。1908年，南丁格尔被授予伦敦城自由奖，以表彰她为护理事业作出的杰出贡献和取得的突出成就。

1910年8月13日，南丁格尔在睡眠中溘然长逝，享年90岁。她把一生都献给了护理教育、护理改革和护理管理事业。她的一生是伟大的一生、光辉的一生。她逝世后，英国政府为了表示对她的崇敬与敬仰，把5月12日她的生日这一天定为"国际护士节"。

南丁格尔

成就与贡献

南丁格尔不仅创办了世界上第一所正规的护士学校，而且还着力于助产士及济贫院护士的培训工作。她在医院管理、部队卫生保健、护士教育培训等方面都作出了卓越的贡献，她当之无愧地成为护理教育事业的先驱。

南丁格尔还非常重视护理工作的训练，认为训练的重要意义在于使整个社会都知道护理工作是一种"技术"，并把它提高到"专门职业"的地位，因此，她被称为"现代护理工作的创始人"。正是她的不懈努力使得护理人员的品德更加优越，社会地位也随之提高。

南丁格尔还提出了公共卫生护理思想，认为要通过社区组织从事预防医学服务。她一生共培训护士1000多人，主要著作有《医院笔记》《护理笔记》等，这些书籍成为医院管理、护士教育的基础教材，推动了西欧各国乃至世界各地护理工作和护士教育的迅速发展。由于她的努力，护理学成为了一门科学。而国际护理业的发展，则始于南丁格尔时代。

地位与影响

南丁格尔克服重重困难，坚持自己的梦想，开创了护理业的繁盛时代，推动了人类的进步和发展。她以崇高的奉献精神把一生都献给了护理事业，为护理事业奋斗终生。英国人把她看作是英国的骄傲。

1867年，在伦敦滑铁卢广场，建立了克里米亚纪念碑，并为南丁格尔铸造了提灯铜像，和希德厄·海伯特的铜像并列在一起，并把她的大半身像印在英国10英镑面值纸币的背面。

美国大诗人朗费罗为她作诗《提灯女郎》，赞美她的精神是高贵的，称她是妇女界的英雄。

如今，全世界都以5月12日为国际护士节纪念她。南丁格尔被列为世界伟人之一，受到人们的尊敬。她的那盏灯，永远照耀着护理界。

目录

南丁格尔

南丁格尔

成长的少女

我不能忍受为了无意义的事情而浪费时间，我只喜欢做有意义、有价值的事情。

—— 南丁格尔

小天使的诞生

1820 年 5 月 12 日，威廉·爱德华·南丁格尔和樊妮·史密斯这对年轻夫妇在意大利旅行的途中生下了他们的女儿。

为了纪念这一刻，母亲樊妮决定给这个孩子取名为弗罗伦斯·南丁格尔。但是，樊妮没有想到，50 年后世界各地会有成千上万的少女取名为弗罗伦斯，以表示对这个女子的敬仰。这个在 1820 年还很罕见的名字，随着岁月的流逝却几乎家喻户晓。

在英文中，弗罗伦斯的意思是"花城"，而他们的姓氏南丁格尔则是"夜莺"的意思。夜莺是一种会唱歌的鸟，它在非洲过冬，到了春天，便飞到中欧各国来，每到夜晚，就轻轻地啼唱，伴着人们入梦。这样，弗罗伦斯·南丁格尔就是花与鸟的意思，寓示着美好和吉祥。

弗罗伦斯·南丁格尔的父母威廉和樊妮两人，在长相和智慧上，可谓郎才女貌。确切地说，他们都很聪明，也很漂亮。

不过，就年龄而言，他们两人之间，却似乎并不是十分般配。因为樊妮比威廉整整大了 6 岁。1820 年，樊妮已经 32 岁，是个地道的贵妇人，她气质高雅，容貌非凡，个性爽朗。

酷爱社交活动的樊妮，常常沉浸于各种宴会与歌舞中。在待人接物、家庭布置、筹备宴会等诸多方面，她有着超乎常人的见解和修养。她简直就是个行家里手，足以让那些虽有野心，却呆头呆脑的女人望尘莫及。

樊妮的所有这些，与她高贵的出身和良好的家庭教养密不可分。她的祖父塞缪·史密斯，在当时是个有名的英国富商，而且还是个称职的慈善家。他为人正派，乐善好施。她的父亲威廉·史密斯，也继承了上一辈的品质和性格，并且酷爱名画，视其如生命，甚至到了如痴如醉的地步。为此，他总是不惜重金，四方索画。他一生中的不少时间，都花在这件事情上。

除此以外，威廉·史密斯经常挤出大量时间，为那些家庭贫困、力量弱小的人打抱不平。他在英国下院任议员46年，工作踏实勤奋，赢得了大家的信任和支持，很快就成为革新派中的首领，这使得他获得了更大的权力和机会为那些穷苦的人们伸张正义。

同时，威廉·史密斯在犹太人中间也很有威信。他反对民族歧视，并为犹太人获得分内的权利进行过多年的努力。当年，樊妮同威廉一直有着良好的交往。不过，当他们二人的感情发展越来越快，准备订婚的时候，史密斯家族却反应冷淡。他们并不看好威廉的前途。

史密斯家族自称很早就"看穿"了威廉，并提醒樊妮不要过于鲁莽，但樊妮并不听劝。

樊妮记得她和威廉初识的时候，威廉正读中学，是个十分不起眼的男孩，总爱靠在炉边或门边站着，从不喜欢安静地坐着。

威廉在21岁时，继承了一笔年收入七八千英镑的财产。不过，威廉并没有坐享其成，而是发愤读书，并最终获得了去剑桥大学学习的机会。他在剑桥大学念书时，虽然不太用功，但他的聪明机智，使他在同学之间颇具名声。他的外貌也变得英俊迷人，尤其是他稳重而冷静的态度，更是魅力十足，一副风度翩翩的艺术家派头。谁也想不到，成长竟带给他如此大的改变。

但这时，樊妮的家人仍然不能接受威廉，在史密斯家族的人看来，威廉不是个勤奋果断的人，做事也不够积极踏实，所以认为他不适合做樊妮的终身伴侣。

然而樊妮不顾家人的反对，毅然与威廉结婚，且到了国外，并在意大利的那不勒斯生下了他们的第一个女儿芭兹娜普。

樊妮很自信地认为她可以改变威廉，使他成为一个温文尔雅的绅士，并在上流社会中占有一席之地。为此，他们购置了一套豪华的大房子，并热衷于对艺术的追求，还经常设宴款待名流贵族。

1821 年，南丁格尔 1 岁的时候，他们全家回到了英国，暂时住在位于里哈思特的故居。

里哈思特风景优美，恬静舒适，这对于小孩子的成长来说是十分不错的环境。但是这里的冬天却出奇的冷，只住了一个冬天，孩子们就都染上了支气管炎，加上里哈思特的空间狭小、寝室太少，樊妮就更为不满了，于是他们决定搬家。

1825 年，威廉在英格兰南部的罕布夏附近买下了位于恩普利的一栋房子。这栋房子是乔治王朝末期的建筑物，距伦敦不远，也很靠近樊妮两个姐妹所在的地方。和远离人烟的里哈思特比起来，恩普利是个被温暖包围的地方。于是，从此以后，南丁格尔一家人就在这里安居了，日子过得舒舒服服。

樊妮的生活幸福而平顺，但她心头最放心不下的就是小女儿南丁格尔，因为南丁格尔太内向了。他们已经将芭兹娜普简称为芭兹，也很习惯地把弗罗伦斯简称为弗罗。弗罗虽然没有母亲那样美艳，但也是一个容貌出众的小美人。她有一头柔亮浓密的褐发，大大的灰眼睛，一张清秀柔和的脸庞，更拥有其他孩子少有的恬静。

南丁格尔小的时候就表现出很强的独立性，她从不依靠别人。当父亲威廉带着姐妹俩散步的时候，姐姐芭兹总是紧紧地

抓住父亲的衣角不放，而南丁格尔则摆动着双手跟在后面不甘落后，她的样子就像笨重的企鹅，经常惹得全家哈哈大笑。

南丁格尔家中有供孩子们嬉戏的大院子，也有许多猫狗之类的小宠物，但这些都无法满足南丁格尔幼小心灵的需求。

幼时的南丁格尔，不易与人相处，固执而跋扈，脾气暴躁。在父母的宠爱下，她内心总有一种优越感，认为自己和别人不同，更不喜欢和陌生的小孩子做朋友。

一开始，她很清楚自己这样做是不对的，并且感到害怕。但日子久了，她这些害怕的感觉，却逐渐演变成不满和反抗的心理，对于自己周遭的人和事抱以厌恶轻视的态度。

但是，和许多富有想象力的孩子一样，南丁格尔喜欢编织梦想。有时她可以静静地坐上好半天，一头栽进自己的幻想世界，把自己想象成故事中的女主角，随着故事情节的发展时而高兴，时而忧伤。

富有爱心的少女

南丁格尔幼年的时候，非常喜欢小动物，小动物们受伤后，都会受到她的精心照顾和呵护。

有一次，牧师先生带着小南丁格尔外出玩耍，他们骑着马在绿油油的草原上驰骋着。

"咦？"南丁格尔突然拉住马缰，向四方张望。牧师也立刻让马放慢了脚步，回过头来问："怎么啦？南丁格尔？"

南丁格尔回答说："今天怎么没看见卡布呢？"她的眼光仍向四周搜索着，接着又说："每次我到这儿骑马，卡布都会追过来啊！"

卡布是一只狗，是牧羊人洛吉的好帮手。

"是啊！自从我们到这儿骑马以来，我还是头一次看见洛吉独自放羊呢！"牧师指一指站在不远处放羊的洛吉，对南丁格尔说，"我们去问问洛吉吧！"

于是，两人一起奔向牧羊人洛吉那儿，洛吉发现了他们，亲切地招呼："牧师、小姐，你们好啊！"

牧师勒住马缰说："洛吉，辛苦了！怎么没看到卡布啊？发生了什么事吗？"

洛吉神情黯淡，心里很难过地说："谢谢你们的关心，附近的顽童扔石头，打伤了卡布的腿骨，现在它还趴在小屋里。看它痛苦的样子，我真是不忍心啊！"洛吉叹了一口气，接着说，"小姐、牧师，我真想索性把它弄死算了。"

"弄死它？不，不，那太残忍了。"南丁格尔惊叫着，并且哀求说，"你千万不能那么做啊！"

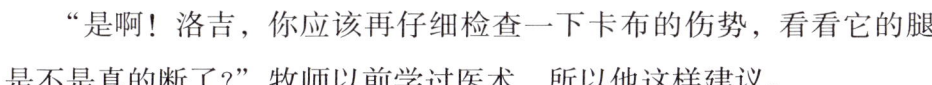

"是啊！洛吉，你应该再仔细检查一下卡布的伤势，看看它的腿是不是真的断了？"牧师以前学过医术，所以他这样建议。

"我想是断了，它被石子打中后，脚就不能着地了，如果我弄死它，或许还好受些。"好心肠的洛吉含着眼泪说。

"我们去看看卡布吧！"南丁格尔和牧师离开了洛吉，朝小屋的方向走去。

"卡布！卡布！"南丁格尔一边爱怜地叫着狗的名字，一边轻步地走进小屋子里。

"呜……呜……"卡布看见他们，高兴地摇着尾巴，拖着瘸了的腿，跳到南丁格尔的身边。南丁格尔欢喜地蹲下身子去抚摸卡布的头。

牧师马上察看卡布的伤势，它的腿果然肿得很厉害，稍微一碰，它就痛得跳起来。

"真的断了吗？"南丁格尔关切地问。

"不要紧，只是外伤，骨头一根也没折断，只要细心地治疗，几天后就可以走路了。"牧师肯定地答道。

南丁格尔听了，兴奋地抱住卡布说："太好了！卡布，你可以活下去了！"接着她又问牧师："应该怎么治疗呢？"

"用热敷替它消肿就可以了。"牧师胸有成竹地说。

"什么是热敷？要怎么做？"南丁格尔诧异地问。

牧师望着南丁格尔，微笑地说："这很容易。敷治法有热敷和冷敷两种，我想卡布应该用热敷比较适合。你先拿块布放在热水中浸泡一下，然后拧干，敷在卡布受伤的地方，重复几次，它的伤肿就会退了。"

牧师话刚说完，南丁格尔就马上捡来了枯枝草叶，生火烧水，再找来一些碎布，照着牧师的话做了。

之后几天，南丁格尔都来看护卡布。一星期后，卡布已经痊愈，可以帮助洛吉看护羊群了。

"这都是小姐救了它的命，我本来以为没希望了呢！"牧羊人洛吉高兴地抚摸着卡布的头，向富有爱心的南丁格尔道谢。卡布也像懂得感恩似的，"汪汪"地叫个不停。

南丁格尔不仅对小狗有爱心，她的爱心还表现在与许多其他动物建立的深厚友谊上。

南丁格尔 5 岁的时候，住在里哈思特。这所新房子的环境很不错，它坐落在草原上，房子的四周开满了五彩缤纷的花儿，房子的前面还有一大片牧场和苍郁的森林。

南丁格尔很喜欢住在这儿，因为她在这里结交了许多好朋友。

首先是森林里的松鼠。南丁格尔每次到森林里玩耍时，总不忘在口袋里放些松鼠最喜欢吃的核桃。她一路走，一路丢核桃给小松鼠们吃。胆小的松鼠起先还很害怕，但没多久就发现南丁格尔并没有敌意，便和南丁格尔混熟了。到了后来，只要南丁格尔一来到森林，松鼠就会跳下来等她丢核桃吃，有时候，甚至跳到她的肩上去撒娇。

在草丛中做窝的麻雀，也是南丁格尔的好朋友。

有一次，南丁格尔去探望麻雀，结果却哭着一路跑回了家。

"怎么啦？弗罗！"姐姐芭兹关心地问。

"不知道谁那么坏心肠，把麻雀的窝弄坏了。麻雀妈妈刚生了蛋，马上就要孵蛋了，这可怎么办？"南丁格尔边哭边说。

芭兹为南丁格尔擦去眼泪，安慰她说："原来如此啊，我还以为什么事呢！弗罗别哭了，别人知道了会取笑你的，何况麻雀还会重新做窝的，别伤心了！"

"真的吗？但是，这到底是谁的恶作剧呢？"南丁格尔气呼呼地问。

"大概是野狗吧！"芭兹回答。

南丁格尔大吃一惊："太可怕了，姐姐，我干脆把那些蛋拿回家

来，好不好?"

"拿回来干什么?"

"在家里孵呀!"

"谁来孵呢?"

"我啊!"南丁格尔很认真地说。

芭兹忍不住大笑道:"就算你是麻雀的好朋友，也不能替它孵蛋啊!蛋只有在母鸟的羽毛下才能孵出来的!别愁了，麻雀们自己会再找个安全的地方，把小鸟孵出来的。"

经芭兹一再安慰，南丁格尔才破涕为笑。但她还是一心记挂着这件事，半夜醒来，她也会想:"那麻雀不知道怎么样了?"可见南丁格尔是多么的善良啊!

不仅森林和野外的动物们是南丁格尔的好朋友，家里也有她的好朋友，那就是老马佩姬。佩姬实在太老了，不能工作，差点儿就被卖掉了，可是南丁格尔却要求说:"佩姬辛苦了一辈子，终于可以休息了，我们怎可以因为它年老，就把它卖掉呢?还是留下它吧!"

家中佣人都暗自取笑，南丁格尔却不在乎，每天早晨，她都要去看佩姬。佩姬好像也有灵性似的，每次听到南丁格尔的脚步声，就会走到马圈的门口，欢迎这位小主人。

"早啊!佩姬，你好吗?"南丁格尔一边微笑地说着，一边用手抚摸它的长脸，佩姬亲热地把脸贴近南丁格尔。

"佩姬，我给你带好东西来了，你找找看。"这匹老马爱吃苹果，看到苹果便大嚼了起来。

南丁格尔见佩姬大嚼苹果的样子，就高兴地离开了，接着去看她的另一群动物们，那就是家里的猪啊、羊啊，还有那只小猫咪，她都很小心地善待它们!

因父母喜欢交际，南丁格尔家的客厅里，每天总是高朋满座。芭兹喜欢在客人之间蹦蹦跳跳和撒娇;而南丁格尔却喜欢偷偷溜出去，找她那些动物朋友们玩耍。

偶尔，南丁格尔来到客厅，芭兹就会得意扬扬地为客人作介绍："我这个妹妹，有许多特别的朋友呢！"

客人微笑："哦，是男孩还是女孩？"

"嘿嘿……"芭兹神秘地说，"都不是！"

南丁格尔抿着嘴，低着头，一句话也不说。客人觉得莫名其妙，芭兹"扑哧"一声笑出来，说："弗罗的朋友是老马佩姬、森林里的松鼠，还有麻雀、羊、猪、猫和狗……怎么样？你们看，是不是很特别？"

客人这才明白，他们摸着南丁格尔的头说："像你这种年龄的小孩，大都喜欢虐待动物，想不到你竟然是一个这么富有爱心的孩子，真是难得！"

热爱学习的孩子

1826 年，南丁格尔 6 岁了，父亲威廉为她和姐姐芭兹请了一位高水准的家庭教师克里斯汀小姐。于是，姐妹俩开始学习各国的语言、历史、哲学、小说、诗歌、数学、心理学、音乐、绘画、礼仪等。

克里斯汀小姐发现姐妹俩的理解能力都很强，反应灵敏，记忆力又好，但是相比较而言，南丁格尔比芭兹更优秀。

芭兹觉得自己无论容貌还是头脑都比不上弗罗妹妹，心里很是难过。

后来，克里斯汀小姐要结婚了，不得不结束了威廉家的家庭教师工作，这使得南丁格尔很懊恼。老师的离开，使得原本内向的她更加孤独。

而要想再找适合这两个女儿的家庭教师，并不是件容易的事，威廉夫妇他们所要求的是既要有高超的知识水平，还要有高尚的品德。但一时间也没有合适的老师，所以，威廉决定亲自教育这两个女儿。

在学习上，威廉负责指导各国语言和历史、哲学。父亲的课程紧凑而严格。芭兹因为无法忍受长时间坐在桌前，埋首于艰涩的希腊文之中，于是有了厌烦心理，经常借故跑开，到外面去找玩伴，或者逃到母亲身边。而且她还发现，与父亲和学习相比，她和母亲的共同语言似乎更多一些。

南丁格尔和父亲则很能谈得来，两人对事物的看法往往有契合之处，她的个性也较沉稳，喜欢思考抽象的事物。芭兹看到父亲和妹妹感情融洽，心里很不高兴。

接受父亲的知识教导后，姐妹两人的差异就逐渐明显起来。于是家中分成两个小集团，芭兹和母亲常常在客厅，南丁格尔和父亲却常在书房。

母亲总是为一些琐事忙碌。她一会儿要装饰房间，一会儿要插花，更要不断和朋友交际，还经常和家人通信。对南丁格尔来说，这些都是浪费时间的事情。她曾经说过："我不能忍受为了无意义的事情而浪费时间，我只喜欢做有意义、有价值的事情。"

南丁格尔的学习成绩一向很出色。她通读了英国史，读了大量的小说和诗，学习了数学、心理学，对于艺术和各国语言，诸如法语、德语、意大利语、拉丁语、希腊语等也都有所了解。当时这样的知识程度，在少女中是极其少见的。

南丁格尔在不到 10 岁时就能用法语来写日记，并坚持了两年以上，日记上的字，也写得十分整齐。日记的封面写着"拉·威·德·法兰斯·曼西纽"，法语的意思是"夜莺的传记"。这本法语日记表明，南丁格尔很希望自己是一只可以自由飞翔的小鸟。

在读书的过程中，南丁格尔还经常写些笔记，将读书心得和有关疑问记录下来，偶尔还写下自己对生活的反省等。这显示出她很早就开始对社会、对人生进行观察和思考。

南丁格尔还给自己最喜欢的人，如父亲、梅雅莉、表姐西拉丽等人写信。她从不像芭兹那样写充满客套话的信，而是写自己的真情实感。

威廉在教育过程中发现，南丁格尔还热衷于讨论政治问题，比如，哪位先生适合做本届首相。他总是对南丁格尔的观点进行中肯的评论，使南丁格尔的见识更进一层。这样，在威廉心中，女儿南丁格尔有点儿与众不同。

听从爱心的召唤

南丁格尔的母亲樊妮虽然爱慕虚荣、崇尚上流社会的奢华生活，但对周围的穷苦百姓也充满了爱心和同情。她常常带着两个女儿到乡下去，接济穷人，给他们一些食品或衣服。

对于这些活动，南丁格尔始终很热情。每次去乡下，她总是兴致勃勃地帮着母亲提东西。有时，细心的南丁格尔在家就问清楚要去的那家共有几个人，需要多少食物。如果发现准备得不是很够，就会让家中的仆人再多做一些，或者干脆把自己的甜点、水果拿出来。

有时，母亲虽然说了要去某某人家里探望，但到了约定的时间却又忘记了，或者忙于接待家里的贵宾而无法脱身，此时的南丁格尔就会深感歉意。如果不是很远，她就会为母亲代劳。

跟随母亲去乡下，使得南丁格尔有机会跳出舒适、安逸的小温室，观察到社会的另一面，那就是穷人的世界。那些光线昏暗、通风不良的小屋子，那些难以下咽的粗糙乏味的食物，那些破烂不堪、难以遮体的衣服，那一张张因饱受劳苦而提前衰老的脸庞，使年幼的南丁格尔感到震惊和难过。

南丁格尔在日记中写道："有一个和我们完全不一样的世界，那就是辛苦劳作的穷人们。当富人在喝茶、跳舞、举办华丽铺张的宴会时，他们却在那儿干着最脏最累的活。他们的一切都远不如我们，我们丢弃的娃娃，竟是那些穷孩子梦寐以求却得不到的珍贵礼物，这真是令人难以置信啊！"

在里哈思特，南丁格尔有一个名叫菲尔丁的玩伴。他教给姐妹俩许多关于植物、动物的有趣知识，他可以称得上是南丁格尔姐妹的小老师。

菲尔丁从来没有读过书，可是小家伙很聪明，南丁格尔很替他感到惋惜。她曾说服父亲，让菲尔丁跟她一起读书，可是菲尔丁的父亲在煤矿里受了伤，瘫痪在家，需要人照顾，而且家里又有干不完的活儿，因此他很少能和姐妹俩一起读书。没办法，南丁格尔只好在菲尔丁有空的时候帮他学习，但菲尔丁的闲暇时间实在是太少了。

夏天结束时，南丁格尔全家要离开里哈思特回恩普利，南丁格尔给菲尔丁留下了书和本子，希望他能够继续学习。

然而第二年夏天，南丁格尔一家人再来到里哈思特度假时，菲尔丁面对南丁格尔关切的询问却支支吾吾，很显然，他没有条件好好学习。

第三年，南丁格尔没有见到菲尔丁，便急忙跑到他家去询问，得知他已经到煤矿区干活了。

第四年，南丁格尔见到的只是一座小小的坟墓，因为菲尔丁已经死于一次煤矿爆炸事故。

南丁格尔伤心地哭了。整个夏天，她几乎每天都要采几束野花去菲尔丁的墓前和他说说话。那一年，可怜的菲尔丁才13岁。

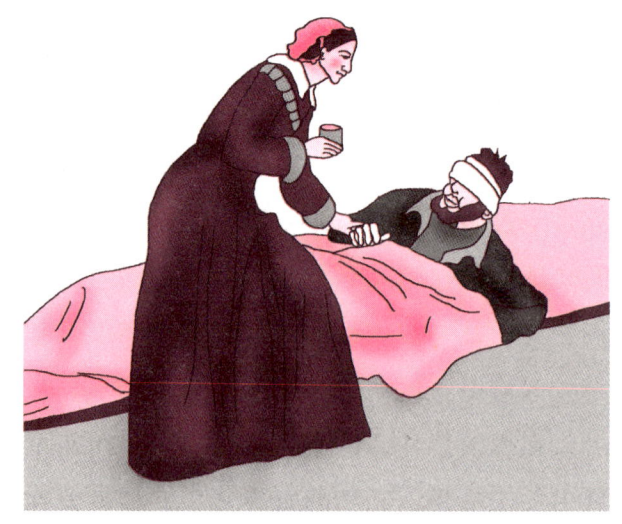

在恩普利，樊妮还要抽空照料一些病人。一般是受牧师的委托，定期看望家附近的患者和孤寡老人，尽一些教友的义务。南丁格尔跟着母亲随访，观察到饱受折磨的病人，她对他们的处境十分同情。这是她与病魔和患者最初的接触，成年后仍常常回想起来，也许这就是她最终选择做护士，倾其一生为病人服务的初衷。

这段时间，南丁格尔亲眼目睹了贫穷、疾病、无知和缺少关怀给人带来的痛苦和危害。有的人起初只是得一点儿小毛病，可是因为没有钱及时医治，最后拖成了不治之症；而有些人的病纯粹是因为不良的生活习惯造成的。这些人不幸染上了病，不知不觉中传染给家人，最后被家人无情地抛弃。

威廉和樊妮都是虔诚的新教教徒。受父母的影响，南丁格尔小时候就生长在浓郁的宗教氛围中，她长期保持着阅读《圣经》的习惯，潜心汲取其中的教义，并经常在内心里和上帝交流，也经常写日记，记录一些与上帝交谈的内容。

在19世纪的英国，这并不是很奇怪的体验。不少有条件读《圣经》并注重内在精神生活的少女，都愿意诚心诚意地遵守《圣经》的教诲，每天祷告，常常在想象中"看到"上帝的形象，"听到"上帝的交谈，感到上帝在引导自己的思想和行为，认为"上帝要我这样做"。

南丁格尔也一样，在快满17周岁时，她感到自己清楚地听到了上帝的声音。在1837年2月7日这天的日记上，南丁格尔曾写道："我分明清晰地听到，神在招引我去侍奉他，我认为这是爱心的召唤。"

但是，这次，南丁格尔并没有听到上帝安排她具体做哪件事。也许是因为她还没有做好准备，还不能胜任。她在心中琢磨了很久。神的这次召唤既朦胧又令她神往，她的内心充满了骄傲、神圣而又矛盾的感受。

愉快的欧洲之旅

夏天过去了，院子里的红叶随风飘舞，充满了秋天的气息。南丁格尔一家决定外出旅行。1837 年 9 月 9 日，南丁格尔全家坐上由威廉亲手设计的马车前往意大利旅行。

这是一个阳光明媚的早晨，南丁格尔和姐姐芭兹都坐在车顶，欣赏着沿途的美景。驾马车的人一路哼着轻快的歌儿，马鞭扬在空中，发出"咻咻"的声音。车子在笔直的道路上缓缓前进。他们的日程非常的随意，觉得哪个地方不错，就停下来小住一段时间。

南丁格尔陶醉在旅行的喜悦中。在以哥特式大圣堂闻名的查尔崔斯市区，整整一个晚上，她都坐在窗边，沐浴在月光中，痴迷地望着朦胧的夜色，脑海中不断浮现出各种美丽的传说，此时她已沉浸在浪漫的夜色里。

旅途中，南丁格尔总是比芭兹起得早，睡得晚，也不怕日晒雨淋使皮肤变粗糙。而且每天晚上她都坚持写旅游日记，将当天出发和抵达的时间、经过的路线、一天的见闻感受等记录下来。她还不停地给关系亲密的表姐西拉丽写信，与她分享旅行的新奇与快乐。

12 月中旬，全家来到法国南部的城市尼斯。

尼斯有英国人的住宅区，那儿经常举行舞会和音乐会。此时，在南丁格尔的日记中已经看不见对月光和风景的描述，取而代之的是热衷于跳舞的她。在给表姐西拉丽的信中，也频频出现各类的新名词及不同于以往的语气。

1838 年 1 月，当他们要离开尼斯的时候，南丁格尔感到依依不舍，一路上再也无心欣赏海滨的美丽风光，只是一个人默默地回忆着舞会上欢快的时光。

5 天后，他们到达了意大利的热那亚。这个城市以它瑰丽的宫殿、歌剧院、华美的喷泉和雕像著称，被誉为"全欧洲最壮丽的都市"。南丁格尔在日记中记述着，全世界的都市中，她最喜爱热那亚，因为那里好像是天方夜谭的梦幻城市。

南丁格尔一家，在举行了一场告别晚宴后，离开了热那亚，前往南丁格尔的出生地威尼斯。这座文艺复兴时期的名城，由于当时领主的自由主义政策，使之同时拥有上流的社交界和高水准的学术界。

南丁格尔一家人住进了一家大饭店。樊妮和威廉各有自己的社交宴会和学术聚会。南丁格尔和芭兹也由此而增长了见识。她们还参加过领主所邀请的舞宴，南丁格尔在舞宴上颇受瞩目。

在那段时间，南丁格尔成了音乐迷。这里拥有全欧洲最著名的歌剧院。南丁格尔将歌剧视为自己的生命并说服母亲每周带她去歌剧院3 次，最后甚至央求每晚都要去。

除了陶醉于欣赏歌剧的喜悦中，南丁格尔还耐心地记下心得，列表比较歌剧中的歌词和剧情。她的内心渴望抓住具体的感觉。她用这种客观性的比较方法，将自己抽象的情感记录下来。

南丁格尔在意大利不仅享受到音乐的愉悦，还感受到了意大利渴望自由的热情。当时的意大利是在维也纳会议中被割让给奥地利的，处于被奴役状态。全国人民迫切渴望自由。对南丁格尔而言，"为意大利的自由而奋斗"的口号，不仅是单纯的政治意识，还是一种信仰，一股正义对抗黑暗的力量！

母亲樊妮在小时候就认识威尼斯的名门，即亚连家族。其家族中的樊妮·亚连是女权运动的先驱者，她的妹夫是意大利历史学者西斯门地。威廉借与亚连家的交往，和西斯门地成为要好的朋友。

1839 年，南丁格尔一家人到日内瓦拜访了逃亡至此的西斯门地。由于当时的奥地利政府决意要根除意大利争取祖国独立的思想，意大利所有的知识分子都意识到自己身边的危机，因此有许多作家、诗人、科学家、教育家、史学家，纷纷越过国境，不断逃往瑞士。

当南丁格尔一家到达日内瓦后，他们所面临的是一个充满处于贫困境地的逃亡知识分子的世界。日内瓦，有着与以往任何城市所不同的气氛。

此时的南丁格尔心中的华丽舞会和宫廷美景都已消失。在日内瓦的所见所闻，使她的心灵受到震撼，进而成为西斯门地的信徒。

西斯门地的相貌虽然丑陋，但却有着超凡的性格和脱俗的谈吐。对于任何有生命的人或物，都怀有一份爱心和慈悲。这使得素来喜爱帮助弱小生物的南丁格尔很受感染。

以前，南丁格尔常随母亲到农村布施穷人。她在日记中写道："那些辛苦劳作和站在道路旁的穷苦孩子们，他们究竟有没有到学校去上学呢？而那种在恩普利时，我母亲所做的照顾工作，在这个城市里是谁在做呢？"

南丁格尔经由西斯门地的引介，结识了不少意大利解放运动的名人。

威廉很希望能够长久地留在日内瓦，因为这里的教授学人集会是他最乐意参加的事。可是，恰在这时，日内瓦弥漫起不断高涨的紧张气氛。那时因为法国政府要求瑞士政府将前往探视母亲的路易·拿破仑引渡回国，遭到了瑞士政府的拒绝，法国决定向日内瓦进军，战争一触即发。

南丁格尔一家就在这种紧张的气氛中匆匆离开日内瓦，前往巴黎。

战争的危机在几天后就解除了，原因是英国出面进行了调停。后来，路易·拿破仑离开瑞士，前往英国居住，而法国也首肯了这项协议。

日内瓦的市民在知道这个消息后，高兴地跑到街上唱歌跳舞，互相拥抱。这一消息，使得在旅途中的南丁格尔深受感动。

在给表姐西拉丽的信中，她写道：

> 如果一直躲在与欧洲大陆相隔一道海峡的英国内地，那么世界上的任何改革和变化，对我而言，就只像远方结束的暴风雨声。

第二年秋，南丁格尔一家到达法国。

由于威廉提议在巴黎停留4个月，一家人就在万冬广场包租了一套豪华房间。餐厅里有装着镀金边框的大镜子，有丝绒帷幔；客厅里全是华丽的锦缎和用乌檀木制作的珍品橱。

樊妮很想参加巴黎知识名流的社交，她从妹妹那儿得到一封介绍信，是给巴黎社交界的名人玛丽·克拉克小姐的。樊妮对这封信抱有很大希望。

克拉克小姐，是巴黎上流社交圈中的一位传奇女性。她既不以财富权力出名，也不靠美貌取宠，却在巴黎的政界文坛颇有人缘，每周五晚上，各界名流都会聚在她的公寓里。

克拉克小姐的身材非常娇小，有着一双明亮清澈的大眼睛。她出身名门，喜欢与上流社会人士交往，特别是男性，因为她不喜欢女性的忸怩作态和喋喋不休。在她身上看不到流行的装扮，也找不到所谓的女人味。

那时的妇女都把头发平散在脑后，克拉克小姐却别出心裁，在额头上蓬起了团团的卷发。她的一位好朋友曾开玩笑说，克拉克小姐和他的约克州纯种卷毛猎犬都光顾同一位理发师。尽管这位小姐没有所谓的女性魅力，但很多男子仍对她大献殷勤，更有许多人想要娶她。

大名鼎鼎的作家夏多布里昂说："哪里有克拉克小姐，哪里就不会寂寞无聊。"

克拉克小姐之所以能进入名流社会，很大一部分原因是由于她同克洛德·福里尔先生的友谊关系。这位福里尔先生是巴黎的一位著名的中古学者。

到1839年，玛丽·克拉克同福里尔先生已有17年的友谊，他每天晚上都同她共进晚餐，而玛丽·克拉克的声誉仍纯洁如故，无可指责。他们是挚友，而不是情侣。玛丽·克拉克很爱福里尔，福里尔却未曾向她求婚，而只是奉献忠诚的友情。

南丁格尔一家，并非是令克拉克小姐感兴趣的家庭，然而因为她特别喜爱小孩子，所以就邀请他们参加定期为儿童举办的宴会。

在接近圣诞节的一个下午，南丁格尔一家人到达克拉克小姐的寓所。房子里传来快乐的歌声，许多儿童欢乐地歌舞着。南丁格尔马上拉着裙角，愉快地加入进去，不再感到羞怯。

在克拉克小姐的宴会上，他们玩得十分尽兴。她们不但和克拉克小姐成为好友，还因此结识了历史学者科劳多·福尼尔和朱利亚士·摩尔。

玛丽·克拉克喜欢威廉的优雅矜持、樊妮的美丽善良和芭兹的端庄文雅，尤其喜欢南丁格尔。南丁格尔一家亲昵地称克拉克小姐为"克拉琪"。同这位克拉琪小姐的相识，使他们一家在巴黎的旅居生活简直成了狂欢节。

从此，樊妮便带着芭兹和南丁格尔两姐妹出入巴黎社交界的晚宴、舞会、剧场、音乐会，及著名的雷卡米埃夫人的文艺沙龙等。而且她俩还见到了夏多布里昂，并有幸聆听了这位作家朗诵自己的回忆录。

南丁格尔简直是欣喜若狂。她迷上了这位克拉琪小姐。当时，正有一位东方文学家朱利叶斯·莫尔痴情地单恋着玛丽·克拉克。南丁格尔生平第一次观察到了恋爱的奥妙。

这其间，南丁格尔获得的极深刻的印象之一，就是克拉琪同福里尔之间的亲密友谊。她注意到，克拉琪和福里尔是每天会面的。福里尔十分敬重克拉琪超凡的智力，他们彼此平等相待。尤为可贵的，是这种亲密无间的友谊能为公众称道而丝毫未受到非议。

从这里，南丁格尔开始获得一种信念，她开始相信，男女之间不掺邪念、不引起非议的纯真友情是可能的。这种信念后来就成为指导她毕生生活的准则。

1839 年 4 月，南丁格尔全家离开巴黎，向伦敦进发。

樊妮非常满意此次欧洲之旅。她认为南丁格尔的表现，在日后必定大有可为，因此她对南丁格尔更加关心，并以她为自己的骄傲，对她寄予了厚望。

的确，当时著名的小说家嘉丝克夫人曾这样描绘南丁格尔：

高挑的个子，非常苗条；柳腰细眉，浓密的深褐色头发映着雪白柔嫩的皮肤，显得格外标致。

还有一双灰色的眼睛，平常总是带点儿忧愁似的低垂着，但当她睁大时，却又炯炯有神，充满着朝气。一口洁白如贝壳的牙齿，常在微笑时轻轻开启，蛋形的脸非常美丽动人。

黑色的衣服穿在她身上，显得格外高雅，气质非凡，就像是圣女般神圣不可侵犯。

是的，在众多的舞宴上，南丁格尔清新淡雅的形象、不同凡响的谈吐、出色娴熟的舞技，使她成为颇受关注的角色，那个当年多愁善感、聪明伶俐的小南丁格尔已经成长为楚楚动人的南丁格尔小姐了。

这次在欧洲大陆的旅行持续了一年半以上，到旅行结束时，南丁格尔也将满 19 岁了，已出落成了一个亭亭玉立的大家闺秀。

这次旅行对南丁格尔的成长非常重要。一路上，她被法国、意大利那些凝固的历史所感动，对于自己沉迷于一种轻松、浮华的生活方式而后悔自责，总觉得自己应该做一点实事。

回国后，虽然南丁格尔仍置身于鲜花、香槟酒、舞乐和志趣高雅、风度翩翩的绅士淑女之中，沉浸在华美的名城与大自然的美景里，但她的心灵深处却似乎总有一个角落，警惕地与这一切保持着距离。

虽然人前她总是保持着矜持的优雅、迷人的笑容、如鱼得水般的潇洒自如，好像非常投入这种上流社会的生活，但是背着人却是愁眉紧锁、朱唇紧闭，深深地陷入一种忧郁和沉思之中。

南丁格尔发现自己越来越不喜欢这种气氛了，感到装出与这种环境相适应的轻松愉快真的很累。她经常在刹那间就陷入迷茫，仿佛灵魂已飞离她的身体，飘向未知的远方。

特别是在参加女王维多利亚 19 岁生日舞会后，这种感觉越来越强烈，这使她的心里更加迷惘不安。自从上帝在她 17 岁时第一次向他发出召唤以来，已经两年多了，她始终不曾忘记那个神圣的时刻，并记得自己的心仪与神往，想想自己这两年来的浮华生活，就像梦一样，她在不停的自责中寻思着。之后，她在笔记中写道，为了配得上做一个上帝的忠仆，首先要克服的诱惑便是"沉迷于社交界的欲念"。

誓言奉献青春

我祷告，因为祷告使思想安静，不为外面的风浪影响而纷乱。我相信，我们现今要做的，不只是我们的感动，更是主，你的托付。

—— 南丁格尔

生命中的挚友

欧洲之行结束后，威廉先生因为见识了很多欧洲的一流建筑，常常不满于恩普利过于简陋的房子，想把它改建成伊丽莎白时代豪华气派的别墅。

新居落成后，樊妮就更多地在家中回请宾客，家里总是热闹非凡。南丁格尔照样一面应酬一面暗自神伤，不过因为在这类活动中结识了几位重要的人物，她的看法也有所改变。这几个人物在她以后的生活及事业中的地位和影响都是无可替代的。

其中之一是国会议院议员帕莫斯顿及其夫人。帕莫斯顿先生后来担任英国首相，将南丁格尔视为老朋友并常常亲自过问她的处境。在事业最困难的时候，政党的渠道不灵，南丁格尔可以与这位首相保持直接联系，要求给予必要的"直通特权"，不过南丁格尔从来没有为自己的私事滥用过这种特殊的关系。

还有一位是因参加社交宴会而认识的英国驻普鲁士大使本生爵士，他是位富翁，也是欧洲著名的圣经学者，在考古学上也很有造诣。南丁格尔受到本生夫妻的青睐，经常被邀请至家中，和本生一起讨论宗教和考古学。

南丁格尔和本生爵士之间的话题也很广泛，但使南丁格尔印象最深刻的是古罗马时代早期基督教徒冒着被监禁、烧死的生命危险，坚忍不拔地传播自己信仰的历史。本生爵士学问渊博、思想深刻，他用不凡的谈吐将自己对某些问题的看法一一介绍给南丁格尔，使她受益匪浅。南丁格尔非常钦佩本生爵士的学问和智慧，愿意与他讨论这些问题，她将与本生爵士的这种交流视为愉快的精神食粮。

还有一位是在南丁格尔的个人感情生活中占重要地位的理查德·米尔恩斯。

1842 年的夏天，在一次晚宴中，南丁格尔经人介绍，认识了 33 岁的理查德·米尔恩斯。当时的理查德，是巴顿·米尔恩斯的独生子，也是约克夏福利斯顿广大土地的继承人，活跃于伦敦的社交界。

英国小说家萨克雷曾评论他说："这个人很善于把你不知不觉地引入一种很好的心境中去。"后来，南丁格尔也在回忆中对他这样记述道："他待自己所有的同胞如同兄弟姐妹。"

这个性情温和、心胸宽广的绅士常将对人类的爱心表现在慈善事业上。尤其在对少年罪犯服刑环境的改善上，他是不遗余力的。

整个夏季，理查德数次拜访恩普利，他爱上了南丁格尔。当然，要追求南丁格尔，必须先成为母亲樊妮、父亲威廉和姐姐芭兹的朋友。在他们前往里哈思特之前，理查德已经和南丁格尔一家非常熟悉。

南丁格尔对理查德也产生了爱慕之情，不仅因为他富有魅力的外表和交际本领，更因为他有一颗仁慈宽爱的心。理查德经常为各项社会慈善事业慷慨解囊，救济穷人。但是南丁格尔自己对于理查德的追求不敢轻易动心，她把对理查德的倾慕藏在心底。

但就在这一年夏天，英国发生了罕见的大饥荒。城市和村庄一片贫瘠荒凉，到处是饥饿和脏乱，污秽不洁的空气弥漫着伦敦城，疾病和抢劫事件在四处繁衍滋生。

有不少人为了能活下去就故意去袭击警察，以便在监牢里吃上"免费餐"。而为了活命，抢劫、偷盗乃至为一点小事就杀人的事也屡见不鲜。一时间，贫民收容所、医院和监牢之中挤满了人，不幸和凄凉流荡于每一个角落。

南丁格尔在日记中写道：

当我一想到人们的苦痛，就感到万分的难过。这些困苦强烈地袭击着我，使我的内心久久不能平静。

我不再以为世界犹如诗人赞美的那般光明美妙，因为我所看到的，是一个不安、贫困和疾病肆虐的世界！

这时，南丁格尔已经有所明白上帝的爱心召唤，那就是为人类服务，为悲惨的人们服务。但是，她还不特别清楚，具体采用什么样的形式。

这年秋天，南丁格尔拜访了本生夫妇，并对如何更好地救援蒙受苦难的人进行探讨。本生爵士在回答中提到了弗利德纳牧师的事。

西道尔·弗利德纳是德国普鲁士的一位牧师，他和妻子在莱茵河畔的恺撒沃兹有一幢别墅。早在1833年，他们就把自己的别墅改建成一家慈善机构，办起了医院、育婴堂和孤儿院，还设立了学校，专门负责训练照顾贫穷病人的护士。他们认为，受过训练的护士能够更好地为穷苦病人提供看护服务，而且这些护士还可以成为妇女牧师的候选人。

与本生爵士的这番谈话，引起了南丁格尔的深思。于是，她决心将所有的心思放到穷人身上。

之后，南丁格尔开始向母亲要食物和旧衣服，去救济贫民。同时，她将一天中的大部分时间都用在帮助贫苦人上。樊妮原本是个乐善好施的人，但却认为南丁格尔过于热衷这类事，积极得不正常，但南丁格尔不听母亲的劝阻，依然我行我素。因此，樊妮反对将南丁格尔继续留在里哈思特，坚持要她一起返回恩普利。

尽管自己的所做所为不被家人所接受，但南丁格尔并不曾放弃，因为她已经在多年的摸索中渐渐明白了自己的选择。她在给一位友人的信中这样说：

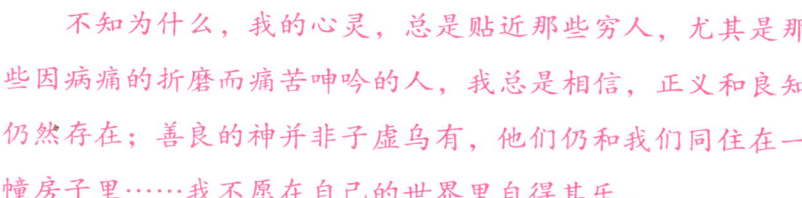

　　不知为什么，我的心灵，总是贴近那些穷人，尤其是那些因病痛的折磨而痛苦呻吟的人，我总是相信，正义和良知仍然存在；善良的神并非子虚乌有，他们仍和我们同住在一幢房子里……我不愿在自己的世界里自得其乐。

　　有时候，我觉得很多富人就像路边的盲人，看不到别人的疾苦，对他们的苦难毫不理睬。他们违背了上帝的意愿。他们需要重新获得视力，体恤不幸者内心的悲苦。

　　所以，我认为我们的社会理想应该是拯救所有的人，并非只是为了个人的幸福和荣华。只有善于利用生命的潜能和意义的人，才配与天使同列，无愧于世。

　　天使的定义是什么？多年来我一直在苦苦地追问。如果天使只是播撒美丽鲜花的人，那么无知、顽皮的孩子也可以称为天使了。真正的天使，必须面向尘世的苦难，勇敢地肩负起沉重而必要的工作。

　　护士就像医院的女佣，她们必须清除脏乱和污秽，为病人擦洗身体，做人们厌恶、鄙视而又不愿意给予感激的工作，但是我却认为，这种有益于人类，使痛苦的人恢复健康的工作者才是真正的天使。

　　写这封信时，南丁格尔终于认清自己的使命应该是在病人中间。这时，她已经24岁了，距听到"神的召唤"已经7年了。后来她自己也在日记中写道："我在24岁之后，对于自己要做什么，要走哪条路，就不再有任何疑问了。"

在痛苦中挣扎

1843 年的一天，美国著名的慈善家塞缪尔·格利德利·豪博士夫妇来南丁格尔家做客。豪博士是美国著名的盲人教育家和启智专家。南丁格尔一见到他，就被他诚恳的态度深深吸引，她觉得这个人一定能了解她的志向，便找了个机会，单独向他请教。

"豪博士，你会不会认为像我这样的年轻英国女性到医院去服务，是件可怕的事情？你认为这种像修女一样，为慈善事业而奉献的行为，是不是不妥当？"

"恐怕是一件不太光荣的事情！"豪博士回答说。

南丁格尔听了，脸上流露出绝望的神色。

豪博士慈祥地看着南丁格尔，又接着说："至少在目前的英国，大家都这么认为。不过，如果你已将此视为自己一生的天职，那么，我鼓励你走这条路。如此一来，你为他人奉献，也完成了自己的义务，这是非凡之举。我认为，身份高贵的妇女也可从事这个工作，你已选择了自己该走的路，神会与你同在的！"

"豪博士！"南丁格尔不由得握住他的手，激动得热泪盈眶。

豪博士的话，就像一支兴奋剂，给了南丁格尔千百倍的力量。

她坚定地告诉自己："看护病人是我应该走的路，我不能退缩！"

但为了慎重起见，这件事她没有向任何人透露半句。她甚至清楚地知道，"医院"这个可怕的名词，一旦由她说出，势必会引起轩然大波。因为世人的成见实在是太深了。

于是，从这天起，亲戚中有谁生病，南丁格尔就第一个跑去照顾，在看护病人的时候，她心中竟然萌生出一种从未有过的满足感。

但是一个护士应该具备的知识，她仍很缺乏。

没过多久，南丁格尔就向豪博士请求，说："让我到医院里接受护士训练可以吗？"

豪博士知道南丁格尔对看护工作有兴趣，当他听说她要到医院里来实习时，却犹豫起来："我晓得你生在富豪之家，却是个与众不同的女孩子，我当然欢迎你来，不过，你的家人同意吗？"

南丁格尔的家人当然不同意。母亲听了大吃一惊，脸色苍白，嘴唇微微颤抖地看着南丁格尔。然而南丁格尔眼神认真，热切地望着母亲，她明白母亲难以相信自己的话，而且露出惊讶的神色，可是话已经说出，她就必须把它说完。

于是，南丁格尔勇敢地说出了自己的心声："我一直想征求你的同意，但始终找不到机会。我的梦想就是将来成为护士，陪伴在病人的旁边，照顾他们和减轻他们的痛苦，只有这样的生活才能使我感到幸福与快乐。母亲，如果你希望我能得到快乐，那么就请你答应我的要求吧！"

说完，南丁格尔走到母亲面前跪下，十指合拢放在母亲的膝上，双眼充满泪水，望着母亲。

母亲愕然无力地坐着，握住那双放在膝上的手，用颤抖的声音说："弗罗，你究竟在说什么？你心中到底在想什么？我的孩子，南丁格尔家的千金小姐怎么会想去看护病人？难道你还有什么不满意的？"

"母亲，我心里明白

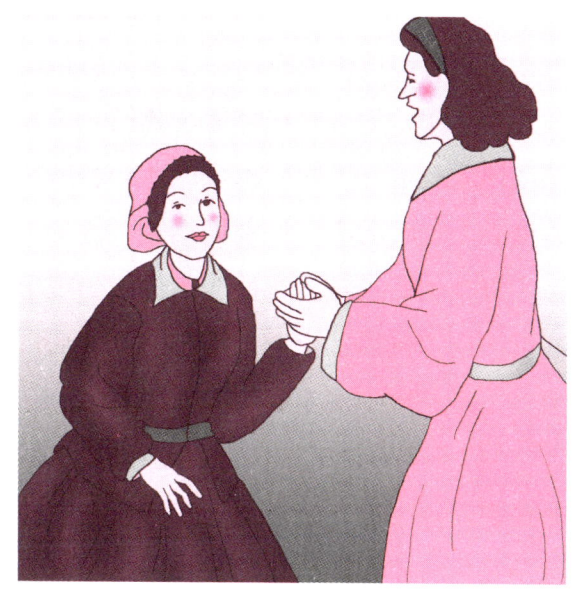

你们都很爱我，希望我幸福快乐，只是我们的思想差异太大了！你们给我最好的，虽然我感到由衷的喜悦，而我却无法承受。我只想工作，只想找一份有益于人类的事来肯定我生命的价值啊！"

"你要去工作？要离开这个家？你是南丁格尔家的一分子，有身份、有地位、受过高等教育的名门闺秀，却要离家到外面去工作？简直是无理取闹，如果外人知道了，岂不是天大的笑话？"

这件事会引起什么后果，或别人心中会有什么想法，南丁格尔比谁都清楚。

是啊，在她所处的时代，女孩子外出工作就会被人看不起，不管你的理由多么神圣、多么崇高，凡是到社会工作的女性就不会被人尊敬。那时候，淑女必须天天过着奢侈、豪华、悠闲及快乐的生活，否则她那高雅的气质就培养不出来。

南丁格尔却不以为然："可是，母亲！南丁格尔家的女儿为别人工作，贡献自己的才能，有什么不好呢？我出身于有名望、有财富的家庭，受过良好的教育，我更应该把握这些优厚的条件，来完成远大的抱负，将我所拥有的完全贡献给社会，这样才不辜负上天的赐予……"

"你不要胡说了！像你这么聪明高贵、人人称赞的好女孩，脑袋怎么净装着些可怕的东西？如果你想帮助别人，也不一定非要离开家去外面工作，你可以选择适合我们身份和地位的做法，例如，慈善捐献或博爱救济等，同样也可以达到救助贫苦的目的啊！你难道一定要去做丢人现眼的事，让别人嘲笑，让父母和亲人蒙羞吗？"

母亲的话正是当时社会上传统的观念，所有的亲戚朋友都不愿意违反。南丁格尔的父母和姐姐也不例外。然而要顺从陈腐顽冥的思想，也正是南丁格尔不幸的根源。

"你不要再说了，快点打起精神，抛弃这些污秽的思想！"母亲从悲痛中恢复平静，慈祥地轻拍南丁格尔那双娇嫩的小手："医院的事绝不是你所想象的那么简单、轻松，也绝不是像你这样尊贵的女孩子所能胜任的，护士要照顾病患、料理死者，以及收拾肮脏的东西，任何一个受过高等教育的人，都不可能忍受这种折磨！只有贫苦人家的女孩子才会从事这种卑贱的工作。弗罗，这不是像你这般金枝玉叶的小姐所能做的事啊！"

"母亲，我不同意你的看法，假如我们知道有人奄奄一息，或正在进行大手术，甚至终夜呻吟求助，却置之不理，不设法营救他们，减轻他们的痛苦，我认为这真是麻木不仁。"

"话虽如此，但你要仔细地想想，你可曾见过像你这样的人去当护士，从来没有一个护士像我们家的女儿一样具有才华和高贵。"樊妮仍然心平气和地对南丁格尔说。

这是不容否认的事实，在当时的各行各业中，护士被视为最卑贱、最污秽的工作。的确如此，由于医疗水平落后，加上国力衰微、战争频繁，1844年以后的英国，医院就是不幸、堕落、混乱的代名词，名声不好，地位低下。

一个典型的特征就是：医院的气味总是"锐不可当"，足以让人们掩鼻作呕；而且，医院往往缺乏规范的管理，窄小的房间里塞满了床铺，拥挤不堪。地板是普通的木板铺就的，日久天长，很容易破损并洒满灰尘，满是污垢。加之各种药物掉落在上面，长时间不予清理，气味刺鼻。墙壁和天花板，也同样没有得到重视，通常是用普通的涂料涂抹的，墙皮剥落，天花板也经常向下渗水。

冬天，医院里总是很冷，每个病房的尾端有一火炉供暖，弄得灰烬飞扬。医院为了保暖，使病人不致轻易冻死，窗户终日紧闭，俨然是个"闷罐子"。有时，承蒙护理者的好心，几个月才打开一次。更糟糕的是，有些医院到了冬季，通风条件差得要命，半数以上的窗户，在冬季就用木板围上了，到了春季也不卸下。

在医院周围，也很少见到树木和绿草。由于医院凌乱不堪，在这样的条件下，从事医疗工作的人员，也经常患上各种疾病。

医院是收治病人的地方。那些病人当中，有很多来自卑贱的贫民窟，来自肮脏的茅棚，以及地下室等一些疫病猖狂的地方。医院的环境尤其使他们沮丧，甚至"破罐子破摔"。他们不得不借酒消愁。病房里，走私贩运来的白兰地、杜松子酒到处可见。

由于缺少必要的管理，医院有时简直就像是疯人院，半死不活的人们疯狂地拼杀、厮打、呼号。缺衣少食，使他们在死亡线上苟延残喘，进行最后的挣扎。

这样的情形，使得护理人员非常"仇恨"。他们只是在医院里混日子而已，并无责任心可言。通常，他们对病人的卫生非常漠然。床垫即使非常肮脏，大量虱子在上面肆虐，也难得清洗一次。病人满身肮脏地被送进来，浑身气味难闻，护理人员也从不帮他们洗浴。更有甚者，一个病人刚走，空出的床位连被单都不换，床单上污物纵横，就马上接纳新收进的病人。

这样的医疗条件，在当时的英国是司空见惯的。直言不讳地说，人间最污秽的景象，在这里可谓应有尽有。

在南丁格尔看来，最让人难以接受、痛心疾首的事情，还不是上述可怕的医疗条件，而是医院中"护士"不佳的名声、低下的素质，这加剧了人们对医院的不良印象。后来她写道：

> 几乎没有多少人愿意主动从事护理。那时，做护士的人地位很低，最好是"丧失了人格"的女人，因为这样的人无所顾忌，更能够忍受医院恶劣的条件。

护士们并不按常规给病人洗澡，只是蘸一点儿水，像对待普通的家畜一样，草草地涂抹一下病人的手和脸而已。由于没有专门的房间可以就寝，护士们每天就睡在负责护理的病房中，不论是男病房还是女病房，人们对此习以为常。而且，她们不仅容许病人酗酒，连她们

自己也酗酒，因为她们同样需要通过酒精获得安慰。

南丁格尔对此非常愤慨。在1854年3月29日的日记中，她描绘了伦敦医院的住宿条件：

情况真是惨不忍睹。护士们睡在病房门口通道的木笼子里，我就像进入了监狱。没有一个有身份的女士，能够那样委曲求全，能睡在那样的地方。那样的睡眠条件，我刻骨铭心。

那里没有灯光，也没有新鲜空气，昏天暗地。由于声音嘈杂，加上有的病人经常发酒疯，或者彼此打斗，值夜班的护士非常不幸，因为白天也无法睡觉，其工作效率可想而知。除了病房和"木笼子"，护士们无处可住，只能硬着头皮承受，所谓纪律、监督并不存在。

由于护理人员数量很少，一大帮病人只靠一个护士护理，使护士们疲劳不堪，哪里有力气工作？她们的礼仪标准，必备的道德心，也每每低到了令人难以置信的地步。

这就是南丁格尔即将行使使命的地方！虽然令人难以置信，但确实是100多年前医护界的写照。

南丁格尔非常了解这些情形，这令她更感受到无法推卸这一重担。她也知道会得不到家人的谅解，所以迟迟不敢表达自己心中的愿望，但萦绕在心中的愿望却一直丝毫没有减损。

"母亲……请你原谅我！正因为她们的无知威胁着患者的性命，所以我更应该去积极地拯救那些可怜的病人！"

"病人确实值得同情，但是只要我们小心留意身体，就不会受到病魔的侵害。"

"母亲，你想想，只有我们健康快乐，却仍然有许多不幸的人在死亡边缘挣扎！"

"你不要老往牛角尖里钻，生老病死都是天主的旨意，不是我们的力量所能改变的！"

"母亲，我求求你，你仔细想想现在有痛苦呻吟的病人，他们听不到任何亲切的安慰，也没有人为他们逐渐冰冷的手脚按摩，就让他们孤寂无助地死去，但我却清楚地听到他们在呼唤我，这些声音没有一刻静止，而我始终驻足不前，我内心的不安与愧疚永远无法平息，母亲，求求你让我去吧，他们需要我！"

父亲也摇摇头说："弗罗，你要知道，看护是肮脏的工作，还要受病人使唤，不是你这样的大家闺秀适合做的，我们怎能答应你？"

家人强烈的反对，把南丁格尔打击得垂头丧气，她深深地感觉到，自己像是一只被关在笼中的小鸟，在痛苦中挣扎，她在想，什么时候，自己才能飞向那广阔的天空，去寻找她的理想呢？

向目标前进

南丁格尔一心想成为护士的选择受到重重阻挠。于是，她秘密地进行自己的计划。那一年夏天，全家到里哈思特的时候，当地的农村正流行猩红热。

秋天，樊妮和芭兹要去尼可森姨母家，南丁格尔因为身体不适无法同行。她在恩普利的家中，躺在床上不断写信、写札记。她详细地考虑着，慎重地计划着。她拼命寻找离开家到医院中去的方法。这年的圣诞节她是在家中度过的，这还是有生以来第一次，父亲威廉要留下来陪她，但被南丁格尔坚决拒绝了。

过了一阵子，南丁格尔的病体逐渐康复，表姐西拉丽来探望她了。西拉丽也是家庭生活的牺牲者，她虽具有大家公认的绘画天分，却无法得到母亲的首肯，向绘画方面发展。她每天忙着家务，教育弟妹，唯一获得父母同意的是可以到伦敦参加少量的"妇女绘画班"。西拉丽对于追求绘画艺术，是不可能有任何期待的。

南丁格尔和西拉丽单独相处了两天，她把自己的许多心事告诉了西拉丽，但是，对于去医院服务的决定和爱"梦想"的习惯，却守口如瓶。

时间一点一滴地流逝着。与豪博士的交谈，已过去了一年，而南丁格尔还没有付出任何实践，没有任何进展的迹象，她心急如焚。整个夏天，她陷入极端痛苦的深渊，精神备受煎熬，直至家中两位亲人染上疾病，情况才有所转机。

8月份，南丁格尔的祖母患了重病，南丁格尔没有随全家去里哈思特，而是留在祖母身边日夜照料。当祖母病愈之后，照看里哈思特别墅的老管家盖尔夫人又病危了，南丁格尔又急忙前往照料。

虽然老管家不久撒手尘寰，但是这两个照顾病人的机会，却为心情恶劣的南丁格尔带来不少的慰藉和鼓舞。

这样，要想消除南丁格尔当护士的愿望，更是不太可能了。

秋天，她在疾病肆虐的村子里又照顾了一些病人。

南丁格尔又向目标迈进了一步。

她开始意识到，做护理工作，除了具备温和的态度、富有同情心和足够的耐心外，还需要一些技能、知识上的专门训练才能胜任。但是她发现周围的人中没有一个懂得护理的方法。

南丁格尔想，自己应该接受一些护理训练。但是家里人的重重阻挠，使她不得不保持沉默。而且南丁格尔也真切地认识到，要想实现自己的理想和使命，需要克服的困难和障碍有多么的巨大，她必须等待机会。

从此之后，南丁格尔就一直保持着克制，为了不使家人再阻挠她，她绝口不提从事护士职业的话。绝大多数时间里，她把自己关在卧室或者是书房中。她坚信自己的选择是正确的，而阻碍只不过是"上帝"对她的考验和惩罚。她开始偷偷地接触护理资料，同时进修她认为相关、有用的各种知识。钻在护理知识海洋中的她，懊悔以前这方面的学习太少了，也太迟了。

为了不让人发现她在念书，黎明前她就起床，用围巾围住蜡烛，在微弱的烛光下写字。她做笔记、目录、比较表。本生爵士夫妇还寄给她有关柏林医院的资料，久而久之，她渐渐具备了广泛的卫生知识，在这方面像专家一样钻研。

在好几个寒冷暗淡的清晨，她完成功课。每到通知早餐的钟声响起，她才走出房间，若无其事地下楼，恢复父母眼中的模样。

就这样，一个月一个月地过去，南丁格尔一方面增进自己的护理知识，另一方面将自己掩饰成母亲眼中的乖女儿。表面上风平浪静，

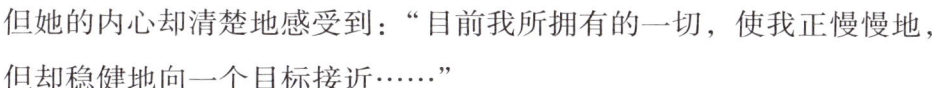

但她的内心却清楚地感受到："目前我所拥有的一切，使我正慢慢地，但却稳健地向一个目标接近……"

南丁格尔早已不是幼时那个骄傲自大、蛮横暴躁的小女孩了，她追求人类之爱的意识十分强烈。同时，经过很多天的思考，她感到，自己过于感性，对感情生活的要求过于深切，这会对她的护理事业产生影响，而事业本身，同样会影响到她的感情世界，这很容易在某些情感关系中伤害自己，尤其会伤害他人。

为了避免发生这样的情况，她开始有意地避开某些情感纠葛，尤其是爱情。最近一两年来，当理查德三番五次向她示爱时，她的内心很感动，也很矛盾，但外表反应都显得淡漠。她深知自己的乐趣和爱之所在，那就是病人。

尽管如此，她对理查德却始终未能忘怀。被一个人所爱是幸福的。毕竟，随着孤独感时不时地在内心翻腾，她心底也希望有人爱慕她，喜欢她。身为女子，不管何时何地，这种愿望都是很难消除的，但是，她宁愿把自己的整个灵魂献给上帝和上帝的事业。

她给理查德写信说：

我感激你的重视和关心。亲爱的朋友，你是个出众的男人，你的情谊，对于我来说无比珍贵。不过，我已经习惯了目前的生活方式。我的个性告诉我，我并不适合你。我注定是个孤独的漂泊者。为了避免更多的伤害，我们相互间，不妨经常通信，最好不要过多见面……不要说我狠心。

尽管它们是人人向往的东西，但它们并不能满足我心灵的需要，也不能使我真正快乐起来，它们无法为我的心灵和思想带来力量，提供给我正缺乏的东西。它们无法从毁灭中拯救我注定孤独的灵魂。

早在很多年前，南丁格尔就曾在一封信中，流露出追求独身生活的态度，谈到自己对婚姻的看法：

在这个广漠的世界上，每个人都有自己的活法。从上帝对于人类的性别的安排来看，男女的结合似乎是天经地义的事。尽管更多的人选择婚姻，并且传宗接代，但毕竟有的人宁愿选择独身，寻求与他人不同的生活方式。到底哪一种更好，谁又说得清呢？只有上帝知道。或许上帝也一无所知。

普遍的偏见是，归根结底，一个人必须结婚，这是必然的归宿。单身生活毫无意义，不符合上帝的旨意。我对此有所怀疑，也许我是个另类，或许我过于偏执。

我也曾经因此而自责，甚至感到自卑。不过，我最终觉得婚姻并不是唯一的，一个人完全可以从她的事业中，使自己感到充实而满足，找到更大的乐趣。

尽管南丁格尔与家人产生了不小的矛盾，但在这段时间里，她依旧一如既往地生活，而且，在她的生活中，间或也有明朗愉快的日子。她发现，自己在骨子里是那样热爱生活。

南丁格尔在札记中有这样的记述：6月，在接到邀请之后，她全家到牛津大学参观，和一些过去的朋友见面，同来的还有米尔恩斯。他们一起到著名的博物学家巴克兰教授家里做客。教授用美味佳肴盛情款待他们。

教授家中豢养着各种小动物。它们是教授的私人宠物，在教授的训练下，变得更加聪明而灵活。这些小家伙在各个房间里自由自在地活动，显得热闹非凡。

午餐的时候，出于极大的好奇心，南丁格尔顺手抓过一只只有3个月大的小毛熊，邀请它共进午餐。在众人的热切注视下，小毛熊听话地爬上桌子，大摇大摆地嚼起来。结果，刚吃了一会儿，因为它动作很大，竟然弄得满身都是奶油，大出洋相，小毛熊自己也觉得很难受，于是不停地叫唤。

众人不禁大笑起来，只有教授板着脸，训斥了小毛熊几句，想让它安静下来；结果，它并不听从，反而变本加厉，嗓门高亢得吓了大家一大跳，反而闹得更凶了。教授无奈只好站起身来，把它带出房间，并把它锁在外面。

午饭后，他们交谈了一会儿，并走到外面看小毛熊是否在老实地休息，却发现它还用两条后腿站立着，一见到他们，就立刻发起挑衅，"嗷嗷"地叫个不停，还张牙舞爪地试图攻击。

南丁格尔见此情形，忙说："我有办法让它安静下来。我们来给它做个催眠术。"

她向米尔恩斯先生交代了一下，后者照计而行，开始实施催眠。半分钟以后，小毛熊的眼皮开始耷拉下来，并大打哈欠；大家吃惊地看到，不到 3 分钟，它就躺在地上酣睡起来了。

10 月间，本生爵士寄给南丁格尔有关恺撒沃兹妇女牧师训练班的年报和一封信。她迫不及待地打开那封信，信上这么写道：

上次我曾经对你提起，弗利德纳牧师所办的"恺撒沃兹收容所"，已经被国家认可了。这座收容所由于管理得当，现在不仅在德国享有盛名，甚至已经扬名海外了。

现在，弗利德纳牧师又建立了医院及护士训练所。志愿前来的护士，必须是 25 岁以下的未婚女子，她们要完成 5 年没有薪俸的见习工作，才有资格被任命为正式护士。

目前，只有贫穷、没有受过教育的妇女才肯来，所以，弗利德纳牧师就得先教她们读书写字，再传授给她们护士的基本知识和技能。像你这样的人才，一定备受医院欢迎，如果你有兴趣，就先来参观一下吧！

读完这封信，南丁格尔的反应与几年前那次听说恺撒沃兹后的情形大不相同。因为这次她已肯定自己的天职就是照顾病人，她领悟到恺撒沃兹应是自己一心追求的地方。

当她更进一步地了解恺撒沃兹妇女牧师训练班之后，心里开始洋溢着憧憬。因为在那里不但可以接受护士的工作训练，而且在被宗教条规严格限制的情况下，所训练的护士绝不会有堕落的情形。

这份"年报"成为她随时翻阅珍藏的宝贝。

南丁格尔并没有将恺撒沃兹训练护士的事情告诉母亲，但她在日记中写道：

> 无意义的生活使我感到疲倦困乏，但却没有人了解我的心意。
>
> 在每一个枯燥无聊的日子里，在我逐渐枯槁的生命中，只有阅读医学会报，才能使我精神振奋，享受片刻安宁。
>
> 那是我向往的地方，我的心，我的姐妹都在那儿快乐地工作，追寻生命的意义，所以我相信我不久也能够与她们在一起，主能够实现我的理想，无论是在德国或在英国，今生今世，我都要实现这个愿望。

难忘的罗马假日

去恺撒沃兹学习护理的愿望不能实现，加之对爱情的迷惘逃避，使得南丁格尔非常苦恼。

就在此时，烦恼的南丁格尔认识了一位朋友，之后她的心灵才得到慰藉。那是去年秋天，经梅雅莉介绍认识的塞丽娜，她与丈夫普里士就住在英格兰中部。

1847 年，当南丁格尔再度因为受不了来自家庭的压力和内心的交战而病倒时，塞丽娜夫妇适时地出现了。

他们说服了樊妮，带南丁格尔一同前往罗马度假。

1847 年 11 月，南丁格尔一行 6 人，抵达意大利的首都罗马。

故地重游，南丁格尔再次看到了太阳的光芒，意大利的美景让她陶醉。她写道："啊，这真是美好的日子，我是多么快乐！我一生当中，还从未像在罗马城这些日子里这样快活过。这里的空气清新，人们富有活力。和他们在一起，你不能不受到强烈的感染。"

不同的环境，对人的心境会产生不同的影响。南丁格尔充分体会到了这一点。的确，一离开家，离开恩普利花园的扰攘和喧嚣，她又恢复了心中的激情。

在意大利，她感受到塞丽娜带给她的快乐和激情。与塞丽娜在一起，她可以直抒胸臆，无拘无束，心情完全是自由舒畅的。罗马的很多地方，都留下了她们两人的足迹。她们步行穿越罗马的大街小巷，一路上见识了光怪陆离、五花八门的风土人情；她们在小餐馆里吃蔬菜和面包，胃口好得出奇；她们还请了当地的一名女学生做老师，一起学习意大利语。

南丁格尔记述道：有一次，正是午后时分，她们从街上小贩那里买来板栗。当时，她们已经饥肠辘辘，手中的栗子用手帕包着，口中不停地吹着气，边走边吃，感觉非常惬意。一路吃到维拉麦林纳。这是一个著名的旅游胜地。她们在维拉麦林纳看落日，看得两眼发疼，才又一路走回来。

南丁格尔记得，她们到很晚才用餐，吃的是意大利面条。由于饿得发晕，两个人已经顾不上说话，只是拼命地吃着眼前的东西。她还记得，她们在罗马教皇礼拜堂里，看到了很多意大利艺术家的真迹，也正是在那里，她第一次瞻仰了米开朗基罗不朽的艺术作品。

那些作品使她流连忘返。此后，她经常注意搜集这些艺术作品的模本。在自己卧室的墙壁上，她陈列着这些壁画的复制品，每天看来看去，非常痴迷。

南丁格尔清楚地记得，在罗马的 6 个月中，尽管去过不少地方，有时候还非常辛苦，但她始终都是心情明朗。她仿佛彻底地从过去的消沉中走出来了。

她写道：

这可真是奇迹！我从来没像现在这样，感觉自己已经脱胎换骨了似的。从昔日里让自己寝食不安的"梦幻"中，我好像完全彻底地得到了解脱。

的确，古罗马的文化，使南丁格尔大开眼界，同时也使她暂时忘掉了烦恼。但这次罗马之行，最使她感兴趣的，要算是参观修道院、女子学校和孤儿院。

有时候，南丁格尔一连几天都待在修道院里，观摩教会所举办的慈善活动，并学习女子学校、孤儿院的组织和管理方法，她觉得日子过得很充实。

　　不知不觉，新的一年来临了，南丁格尔在日记里写道："在罗马完全不受家人的约束，我似乎得到了真正的自由。对我来说，这些日子实在是太愉快了！"

　　在这里最让南丁格尔难忘的，是认识了史得尼·赫伯特夫妇。赫伯特先生曾经当过英国陆军大将，在国会里一直很活跃。而这时他已经是一位内阁大臣，正在罗马作拖延已久的结婚旅行。南丁格尔在散步时，同他们不期而遇，开始了对她事业有深刻影响的亲密友谊。

　　双方都竭力想给对方以不平凡的影响，当时没有任何预兆表明在他们的生活中这是一个最重要的时刻。会面时，南丁格尔被介绍给史得尼·赫伯特美貌的夫人丽莎，而且立即赢得了丽莎的好感，相识就这样开始了。

　　史得尼·赫伯特是一位风度翩翩的美男子。他是一位典型的绅士，多才多艺，更以机智而富有才情闻名于社交界。尤其难得的是，他经常秘密地参加集会，将自己的收入以匿名的方式捐助给慈善机构。

　　这样一位才德卓越的人，却不喜好繁华喧嚣的社交生活，他常说喜欢在威鲁顿过平静的日子，不受拘束，享受生活的乐趣。但是，命运之神却在他身上不断堆积财富和地位，将权势和责任同时交付给他，使他负荷不了这些沉重的压力，转向宗教寻求安慰。

　　赫伯特夫妇都是虔诚的基督教徒。赫伯特把一生都奉献给了慈善事业，他在威鲁顿兴建新教堂、改善贫民生活、捐建安养所，并为贫苦的劳工提供额外的工作机会。他的夫人丽莎为了支持丈夫，也投入了所有的心力去协助他。

　　赫伯特先生也十分赞赏南丁格尔超乎常人的智慧，有一次，赫伯特先生对她说："南丁格尔小姐，我非常关心穷人病后的困难情况，他们没有时间作充分的休养。如果他们停下来不工作的话，自己和家人就要挨饿。所以，我想开设一所收容这些人的疗养院，你觉得如何?"

"真是个好计划,请早日实现吧,只要需要我,我一定会来帮忙的。"南丁格尔十分赞同。

赫伯特夫人指着丈夫笑着说:"你别听他的,这个人就是那么热情,他把所有的财产统统都花在贫病人家的身上,也不想想自己的力量够不够!"

"对于这件事,你比我热心多了!"赫伯特深情地望着妻子说。

南丁格尔见他们有同样心志,又是钦佩,又是羡慕,心想:"多么慈善的一对夫妇啊!能和他们做朋友,真是我的福气!"

数年后,南丁格尔经常想起赫伯特的嘉言懿行,并以此勉励自己。她甚至在一张便笺上,随意写下了赫伯特的性格:

在我的印象里,他有滔滔不绝的口才,是个天生的演说家。他有无与伦比的社交魅力,几乎任何人都会为他的风度而倾倒,他是我所认识的最文雅的人士之一。

在我和他交往的日子里,他向来温良、谦和,即使遇到让他感到恼火的事情,也从不发脾气。这样的修养,不是一般人能具备的。他工作起来积极而尽责,常常废寝忘食。而且,在利益方面,他从不斤斤计较。确切地说,他从不计回报,也从不主动邀功。

从意大利罗马旅行归来的南丁格尔,身上积聚了更多的能量。而且,她同赫伯特夫妇的友谊,也已经十分密切了。他们经常就社会问题进行深入讨论,有时甚至争执得面红耳赤。通过他们,南丁格尔还结识了一些很有影响、并热心于改良医疗事业的人士。可想而知,这对她的帮助有多大。

对于医疗事业,赫伯特夫妇和他们的朋友尽管非常热心,但在某些细节方面并不了解，因此很想知道有关情况。他们转而向南丁格尔请教。他们惊奇地发现，除了哲学、艺术、建筑等方面的知识以外，南丁格尔对于医疗护理方面的问题也是了如指掌。

多年的关注和积累，使南丁格尔掌握的相关资料十分丰富，简直就是一部活的百科全书。因此，她在业界的名气越来越大，并逐渐被大家视为医院管理和公共卫生事业的专家。

不久后，赫伯特夫妇知道她打算去恺撒沃兹学习，非常赞成她的想法和决心，立即表示全力支持。正巧本生爵士夫妇也要把女儿送去，南丁格尔的奢望已露出实现的曙光。赫伯特和本生爵士夫妇都赞成的事，应该不至于遭到反对吧？母亲也应该会赞成吧？

1848 年的 9 月，似乎是天赐良机。姐姐芭兹因为医生嘱咐要到南斯拉夫的矿泉地卡尔斯拜德去休养，全家人必须和梅雅莉一起留在法兰克福。恺撒沃兹就在法兰克福附近，南丁格尔计划着在法兰克福和家人分开一两个星期，去看看妇女牧师训练班的情况，如有可能，还可以接受短期的训练。

但是这个好机会又因为法兰克福发生革命而成为泡影。那一年法兰克福发生革命，威廉认为留在英国北部比较安全，决定到那里的矿泉疗养地疗养，因而取消了法兰克福之行。

南丁格尔又急又气，她心灰意懒地说道："天主啊，为什么总是捉弄我？难道我这辈子，注定进不了护士学校了吗？"

走进梦想的医院

恺撒沃兹之行又一次彻底泡汤了，南丁格尔抑郁至极。没过多久，塞丽娜夫妇便再度邀请南丁格尔一起去埃及旅行。南丁格尔家一向相信塞丽娜夫妇，并且，他们仍然相信旅行可以改变南丁格尔的心意，便不断劝说南丁格尔答应这件事。

"我们预备 10 月出发，在埃及过冬，然后前往希腊，路经德国，明年夏天再回国。"塞丽娜把行程大略说了一遍。

南丁格尔对这次旅行的兴致原本不大，但她听了这次的行程计划后，脑中迅速闪出一个奇妙的念头："德国，德国……恺撒沃兹就在那儿，对了！可以借机到恺撒沃兹一趟。"南丁格尔想到这儿，不禁心花怒放。

他们按计划出发，旅途的第一站是埃及，南丁格尔对当地的一切都感到十分新奇，不过当她亲眼看到拍卖奴隶的情形后，心情却非常沉重。

"这个世界需要帮助的人太多了，我多么希望尽快付出自己的力量啊！"南丁格尔深深地叹息着。

1850 年的春天，他们到了希腊的首都雅典，南丁格尔参观了当地的学校和孤儿院，这又给了她许多感触："天主叫我去为贫病的人服务，那是 17 岁时候的事情。如今，事隔 13 年，我已经 30 岁了，却还没有踏上那条路，我实在不甘心，难道为世人服务，真的是我的奢望吗？"

1850 年夏天，南丁格尔终于来到旅行终点站，她的重要目的地恺撒沃兹。

莱茵河畔的风，吹得人心神舒畅，南丁格尔心中的烦闷和不安也消失得无影无踪了。

"这不是梦吧？"南丁格尔欢喜得心都要跳出来了。当她走进恺撒沃兹医院时，才敢相信自己已经来到了梦寐以求的地方，她参观了医院的每一个角落，提出了心中所有的问题。

医院的创始人弗利德纳特牧师是个亲切的长者，他详细答复了南丁格尔提出的所有问题，还对自己的太太说："像南丁格尔这样认真求知的女孩，我还是第一次见到呢！"

"是啊！我们对她应该特别照顾，她的确非常适合看护的工作。"弗利德纳夫人赞同地说。

"嗯，我也这么想，不过……"牧师神色凝重地说，"南丁格尔家是名门望族，事情恐怕不太容易。"

弗利德纳牧师的确看清了南丁格尔的处境。当她在医院住了两个星期后，不得不回到塞丽娜夫妇身边。

"怎么样？有收获吗？"塞丽娜好奇地问。

"太多了，太多了……"南丁格尔十分兴奋，"我从来没见过那样清洁的医护场所，我们在伦敦的医院，简直无法跟人家相比！"

"那些护士的人格怎样呢？"塞丽娜问道。

"她们都受过良好的训练，做事也很尽责，病人在她们细心的照料下，复原得特别快啊！"南丁格尔显得神采飞扬，并要求说："我们晚一点回国好吗？"

塞丽娜显得有些犹豫，心想："让南丁格尔在恺撒沃兹住了两星期，已经有点过分了，如果再让她延期回国，她的家人会谅解吗？"

南丁格尔见塞丽娜不回答，诚恳地说："我并不奢望再回恺撒沃兹医院，只是在那儿学到了太多的东西，我想趁着现在把这次的笔记再整理一下！"

正当塞丽娜左右为难时，塞丽娜的丈夫普里士不知何时来到她身边，一手搂着她的肩膀说："好太太，你们的话我全听见了，我们又不着急赶路，何不成全南丁格尔的心愿呢？"

普里士和南丁格尔会心地交换了个微笑，事情就这样决定了。

不久，市面上出现了一本书，那就是《莱茵河畔的恺撒沃兹医院》，作者署名为"一个无名的小妇人"。其实，这本书正是南丁格尔在这个时候写出来的。

1851 年夏天，南丁格尔回到英国。这次的旅游，给了她无比的信心，她不再怯懦了，开始勇敢地向家人表白："请让我再回恺撒沃兹医院，接受实际的训练吧，将来我要在英国开办一个像那样的医院。"

樊妮听到南丁格尔的话后，犹如五雷轰顶，气得浑身发抖，她当即定下新规矩，禁止南丁格尔擅自出门，只准在家做"贵族小姐应该做的事"和"适合自己门庭教养的事"。这样，一切又回到了从前，甚至更加恶化了。

南丁格尔又重复着过去不见阳光的日子，心里还充满了自责和内疚，认为平时父母都是文雅善良的，却因她的出格举动闹得家庭失和，一再告诫自己不可再做火上浇油的事了。

然而，南丁格尔的心还沉浸在恺撒沃兹。她把自己关在书房里，用了一个星期的时间写了一本小册子，呼吁全英国的女性都应当前往恺撒沃兹看看，那个赋予人类友爱精神的地方，能给人以不同于空虚华丽生活的幸福充实感的场所，即使不能参与到为社会大众服务奉献的工作中去，也有必要亲自去看一看，感受一下。

然而南丁格尔的低调让家里人感到不安，特别是芭兹，表现得尤为强烈，因为她在社交界的表现并不如南丁格尔出色，只能分享南丁格尔的成就和荣耀。也唯有靠着妹妹，她才有机会过着热闹繁丽的社交生活。在一场死缠烂打之下，南丁格尔只好答应陪伴芭兹半年。

此后的一段时间，南丁格尔成了芭兹的"人质"，违心地陪伴她玩耍。她俩一起唱歌、散步，一起谈论诗艺、时装，双双出入宴会、茶会。芭兹快活如往，南丁格尔却强颜欢笑，痛苦不堪，她再也找不到过去沉湎于这些活动时的美好感觉了。

4月，南丁格尔侍候芭兹的半年期满，她马上前往威鲁顿拜访赫伯特夫妇。好久不见，彼此都感觉很亲切，夫妇俩热忱地鼓励南丁格尔再去恺撒沃兹接受护士训练。在得知南丁格尔在家中的遭遇后，夫妇俩都表示很震惊。赫伯特气愤地说："想不到在今天的英国，还会有这样无情的家庭制度，而且还发生在上层社会的家庭，发生在南丁格尔小姐的身上。"

赫伯特夫人丽莎则开导说："我想任何一个旁观者都看得很清楚，你并没有什么过错。你的家庭关系是不正常的。真正受伤害的人是你的母亲和姐姐。亲爱的南丁格尔，你应该学会从这个角度重新对待你和家人的关系。"

赫伯特夫妇的看法对南丁格尔来说是全新的。借助这种开阔的视野，南丁格尔终于看清了自己的错误不在于恣意妄为地挑起家庭不和，而是对家庭的无理要求过分地妥协和退让。

于是在1851年6月8日，她在笔记中以前所未有的语气写道：

我必须知道，从她们那里我是不会获得同情和支持的。
我必须获取那些我赖以生存的一点点，哪怕尽可能少的一点点。
我必须自己动手，她们是决不会恩赐于我的……

两星期后，南丁格尔收拾好行李箱，决定去恺撒沃兹。和母亲及芭兹最后的一幕终于上演了。而南丁格尔在争执中气昏了头，当场晕倒在地。这次她没有屈服，休息了一晚上，第二天便按计划离开了家。

点燃心愿的火苗

南丁格尔离家出走后，来到了恺撒沃兹，弗利德纳夫妇俩热情地接待了她。

在南丁格尔离开的一年中，恺撒沃兹医院又有了新的扩建。现在，这儿已成为拥有 100 张病床的医院、幼稚园、感化院、孤儿院和女子师范学校，看上去初具规模。

在那里，必须忍受艰难，过着困苦和缺乏物资的斯巴达式生活。南丁格尔在给母亲樊妮的信中写道：

> 现在，对于我，时间显得不大够用。直至昨天，诊疗所放假一天，我才抽出空闲，把换下的衣服拿去清洗。对了，或许你们都觉得不可思议，我们每日 4 餐，每餐只有 10 分钟的时间。总体而言，我对这儿的一切，非常感兴趣，它们满足了我强烈的好奇心和求知欲。我的身体与精神俱佳，不用挂念。
>
> 现在，我倒真的希望，我可以多活上一些年头，可以使我更好地尽自己的力量，也为了那些在病痛中呻吟和挣扎的人们。这才是真正的生活。到了这里以后，我第一次了解了生活的意义，也开始懂得珍惜生命，除了这里，我不会再向往别处的世界。

南丁格尔晚上就睡在孤儿院，白天和儿童们一起在医院工作。她还参加了当时认为"妇女不宜"的开刀手术，对于协助手术的工作感到兴致勃勃。

1852 年，她写下这么一段话：

> 那里护理的水准等于零，卫生状况恶劣。在恺撒沃兹的机构中，以医院的情形最为严重，但是我没有见过比这更具有崇高的观念和奉献的精神工作，她们之中没有一个是有身份和地位的妇女，但对待病人却很细心。

在恺撒沃兹受训即将结束时，赫伯特夫妇来看望过南丁格尔。弗利德纳牧师告诉他们说："南丁格尔小姐在此有优异的表现，护士之中没有一个像她这么认真学习的。"南丁格尔受到鼓舞，内心充满幸福的感觉，同时也充满了投入新事业的热情和勇气。

南丁格尔努力想要取得母亲和姐姐的谅解。她一再以谦虚的态度写信强调自己的心意，不厌其烦地加以解说："请你们耐心而仔细地观察我所做的一切，你们务必相信我，鼓励我！我亲爱的家人，请别再为我悲伤，我需要你们的祝福！"

樊妮和芭兹都没有回信。但是，恺撒沃兹显然已经点燃了南丁格尔心愿的火苗，那光焰在隐约的命运中闪耀，她仍旧热切地渴望接受正规的护理训练。

但就在这时父亲威廉突患眼疾，医生要他在约克郡的盎芭兹做冷水治疗。但是威廉坚持要南丁格尔同行，否则他就拒绝治疗。

南丁格尔十分为难，犹豫了好一阵子，最后基于对父亲的爱，她决定将自己过去所做的一切和计划全部冻结起来，重新接受命运的安排。于是，她结束了在恺撒沃兹 3 个月的充实生活，返回了英国。

"啊，多郁闷的日子……啊，那些似乎永无尽头的长夜。"南丁格尔在这一时期的笔记中写道，"女人简直不能把自己当成人……英国一个所谓有教养的家庭里琐碎、严酷的精神桎梏简直是世上最折磨人的暴政！"

3月，威廉和樊妮又去伦敦参加季节社交活动。樊妮和芭兹加给"高贵的南丁格尔小姐"的种种清规戒律，简直达到了荒唐离奇、无以复加的程度。她外出必须经过批准，详细说明理由，去哪里、多长时间，并且必须有人陪同；她的来往信件都要事先经过检查；她会见客人也要受到监督，有些"危险"访客不受欢迎……

威廉本来倾向于妻子和芭兹，但事态发展到这么荒谬的地步，他心里也有些不安了。

在父女俩前往盎芭兹治疗眼疾的过程中，威廉切实感受到了南丁格尔的精神视野、为人风格，这跟狭隘自私、骄傲浅薄的樊妮和芭兹相比，是多么高尚、善良。来自恺撒沃兹的严肃工作、逸闻趣事，以及他自己亲身体验到的受训护士的细心看护，终于使威廉理解了自己的女儿。

当威廉和南丁格尔从盎芭兹治疗眼疾返回恩普利后，他俨然已经是南丁格尔的盟友了。

第二年春天，樊妮规定南丁格尔必须将收到的每一封信向家人公开。父亲随即告诉她，可以请朋友将信寄到自己所参加的阿尼西亚学者俱乐部，这样就可以逃过检查，保证她的通信自由。南丁格尔得到父亲的同情、理解和支持，感到很宽慰。

牢笼里即使有阳光也是不自由的，南丁格尔不甘心就这样被控制下去，她酝酿着再次突出重围，彻底摆脱家庭的束缚。

马尼博士是南丁格尔在罗马认识的一位天主教神父。1852年夏天，南丁格尔曾写信给他，投诉自己遭受家人不平等待遇的情况，并透露自己向往天主教，希望博士替她打听接受受训护士的天主教医院。

事实上，身为新教徒的南丁格尔，内心的信念完全不同于天主教的教义。她在一系列命运的挫折面前，不断地追求自己的目标，积极

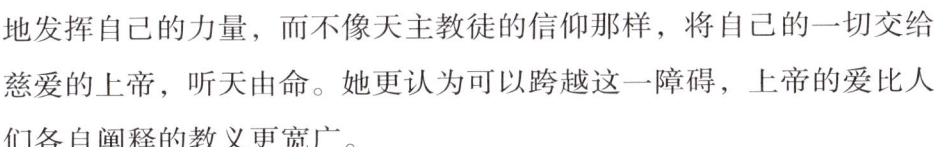

地发挥自己的力量，而不像天主教徒的信仰那样，将自己的一切交给慈爱的上帝，听天由命。她更认为可以跨越这一障碍，上帝的爱比人们各自阐释的教义更宽广。

不久，马尼神父就替南丁格尔联系了两家天主教医院，一家在爱尔兰，另一家在巴黎。

南丁格尔在获得马尼神父的通知后，正跃跃欲试地盘算着。经过仔细的斟酌考虑后，她选择了在巴黎的医院。但不幸的是，家中的暴风雨又在此时来临。樊妮和芭兹再一次歇斯底里地反对。

这时，一个医师的话使南丁格尔如醍醐灌顶。她在日记中写道："至理名言，使我由此茅塞顿开，我的一生大计也就由此决定了。"过去始终放不下的牵挂，从此可以释然了，她一声不响地准备摆脱家庭，奔赴前程了。

就在南丁格尔挣脱枷锁的同时，巴黎修女会也寄来了通知，批准她进入医院工作。就这样，她打点行装默默地离开家，前往巴黎。

她曾在那年的除夕，如实记述道：

> 随着这一年的结束，也结束了许多风风雨雨，我感到十分宽慰，也使我更确信，这一年并没有白过。因为在这一年里，我重新思考过自己对社会的使命和信念；同时和马尼神父的深厚友谊亦使我获益良多；再者，虽然去不成恺撒沃兹，却可以顺利前往巴黎，这足以让我欣喜，并引领我开始走进属于自己的世界……

到达巴黎之后，南丁格尔借住在梅雅莉家。这段日子，她出入不再像以前那样阔绰奢侈，而以公共马车代步。

在一个月的时间里，她参观了巴黎所有的医院，然后再到伍帝帝诺街慈善修女会医院去报到，担任志愿护士。当她从他们那儿接过一套蓝布制服时，激动得两手轻轻地颤抖。

就这样，南丁格尔每天穿上护士的制服，在资深修女的指导下照顾病人。可是她并没有与修女们共起居，而是另住一间房，因为此时她还不算是正式的护士。

可是就在她好不容易盼到了院方正式的核准之后，命运的脚步又踩住她前进的步伐。由于祖母病重，她必须速回英国。

于是她只好放弃眼前的机会，赶回多布敦见祖母最后一面。她庆幸自己的决定，写信告诉西拉丽："由衷地感谢上苍！能让我赶在最后几天承欢在祖母膝前，在祖母仅有的日子中，尽心照顾她，安慰她，如果不是这样，我也许会抱憾终生。"

虽然阴云并没有完全退去，她还在经受某种程度的"压制"，但这种压制显然已逐渐失去了以往的力量。尽管她被无辜地夺去了大量时光，但却已不再绝望，因为脚下的路依旧宽广。尤其重要的是，面对方方面面的束缚，她已开始多了些叛逆之心，理想不再使她痛苦。

换言之，经过苦心孤诣，经过风吹浪打，她已经开始主宰自己的命运。于是，在祖母去世后，她离开多布敦独自前往里哈思特，开始寻找自己的工作。

"嫁给" 护理业

时间总是过得飞快，转眼间，南丁格尔已经32岁了，她在感谢家人的祝福时，还特地给父亲威廉写了一封信，信中这样写道：

尽管我的年龄已经不小了，不过我会更加坚持行使我的使命。事实上，我很高兴，因为我终于重获自由。当年，还在意大利我的出生地时，我就渴望像意大利人民一样，为争取自己的自由而奋斗终生。

今天，我已经有了它，我的不幸的青春期已经过去，我并没有太多的留恋。它永远不会再回来了，我为此而欣慰，因为这意味着，我即将获得新的生命。

的确，从此之后，一切将与众不同。

南丁格尔终于可以释然了，可以走到她的病人中间，一门心思地从事自己想做的事情了。

她花了一个月的时间，走访医院、养老院和慈善机构，观察医院的布局、设施是否完备而合理，医生如何检查病人，护士怎样护理，手术如何进行。为了获得更为一目了然的印象，她精心制作表册，表册上列出了各种数据，用以比较不同医院的组织状况和住宿条件。

同时，她还设计了详细的问答表，上面展示了医疗、护理的种种问题和答案，并在法国、德国和英国医院等处散发，促使医院的工作人员更好地履行职责。

最终，她积累了大量报告、反馈意见、统计数据，它们的特点是权威而及时，说明了整个欧洲医院的医院组织和合理安排。她天资聪颖，而且工作勤奋，因此，仅仅一个月不到，她就收集、整理和消化了大量的资料，为此付出了超负荷的劳动。这确实是一件了不起的功绩。

多年以来，她起早贪黑地辛劳，终于收获了果实。这时的她，已经不再是一个普通的学员，而是一个地道的专家了。

对于南丁格尔的梦想来说，此时的樊妮已经不再具有支配力量了。南丁格尔的坚韧精神和斗争品质，终于使她败下阵来。女儿在护理这条路上越走越远，她看在眼里，急在心上，但却是万般无奈。

不管怎样，她毕竟是南丁格尔的母亲，她还是得为女儿的前途着想，因而，她转而拼命要求南丁格尔结婚。她为此甚至恳求南丁格尔，就像南丁格尔曾经拼命恳求她的谅解一样。

是的，过去的就让它过去吧，可她的女儿不能无视这样的事实。时至今日，当年的少女已经32岁了，而且，多年以来，她拒绝了所有的求婚者，一心只想"嫁给"护理业。

那年夏天，南丁格尔在百忙之余，给樊妮写了一篇充满亲情的信。她热情洋溢地说，她没有以前那么痛苦了。

亲爱的母亲，或许您并不希望听到我这样说，我不想结婚。我对于婚姻并没有多大的兴趣，或许这与我多年的独身生活有关。我已经习惯了现状，并不急于作出改变。

况且，我目前所从事的事业，注定会和婚姻产生某种冲突。说实话，我宁可一辈子跟着您转悠！不过，您可不要因为我这样说，就以为我非常不负责任，从而把我看成是"浪子"……

退一步说，即使我真的属于"浪子"，也必然是命中注定的，因为那也是上帝的意思。我的灵魂是属于上帝的，既

然他需要我作出牺牲，我就不会有任何退却！

1853 年 8 月，赫伯特夫妇为她介绍了一份在知识妇女疗养所的工作。这个委员会因为财政困难，必须重建组织，迁移会址，南丁格尔就是担任重建工作的监督者。

这座疗养所专门收容贫病的女教师，疗养所内的事务由委员会管理。南丁格尔到这儿工作，完全是义务性质，没有薪水。幸亏父亲威廉已经谅解了她，愿意每年给她 500 英镑作为资助，并鼓励她："女儿，只要你能从工作中得到真正的满足与快乐，父亲就一定支持你。"

大家知道这件事后，都嘲笑她："那位监督不拿薪水的，人家的父亲会按时寄钱来呢！"

"不拿薪水，能做多少事儿？我看这个千金小姐是来这里消磨时间的。"起初，委员们都这样评论南丁格尔。

南丁格尔只接受过短短几个月的实际训练，可是，她曾经参观过许多医院，也读了不少医学和卫生方面的书籍，在医院的改革方面很有心得。

南丁格尔根据自己对巴黎各医院的调查研究，提出了许多革命性的建议：将水管接通到每栋建筑物，以便每间房中都有热水供应，还能节省人力；购置升降机运送病人的饭菜；在床边设紧急响铃，接通护士门外的铃盒，当铃声响起时，盒子自动打开，护士可以尽快地从有编号的铃盒中得知是哪位病人在拉铃，并以最快的速度赶到病人床前，以免上下楼徒劳往返等。

对于南丁格尔接连不断的建议信，委员会深感头痛，不知如何是好。他们都被南丁格尔小姐分派到伦敦的大街小巷，去四处寻觅购买"带有响铃和显号装置的传讯设备"了。

南丁格尔一面不断增加新的改进措施，一面分派委员们到伦敦的大街小巷去寻购必要的新设备。

那些委员会的委员们一向善于辩论和发号施令，从来没有被人这样教训和指派过，尽管勉强地去做了，但并没有达到南丁格尔的要求，南丁格尔对此感到非常失望，而委员们则积蓄着对她的不满。

在南丁格尔看来，委员会简直是在敷衍她。在她眼里问题很多：医院的账目一塌糊涂，很不规范，在管理合理化方面更是无所作为。委员会下属的两个管理委员会的成员，一个全是男子，另一个是清一色的女子，他们以及医生们之间，经常为一些小事吵得不可开交。

尤其在不同的信仰上，新教和天主教都不肯妥协，南丁格尔据理力争，经过多次协商、谈判，最终使他们达成共识。

南丁格尔接受了委员们附加的一个条件：如果信奉异教的病人是来自英国国教以外的神父或牧师，必须由她亲自去迎接、带入病房，并全程监视他们与病人的谈话，直至陪送他们离开医院。

委员会则同意今后任何宗教的病人都可以入院接受治疗，只要其窘迫的经济状况符合医院援助的标准。双方就此达成书面协议，以免双方违约。

南丁格尔既抓大事，注重整体改进，又不厌其烦地过问小事，事必躬亲。她清楚地认识到，再壮观的事业也是建筑在一个个实实在在的细节上的。她经常亲自跑到地下室的储煤仓查看送来的煤是否掺杂有混合物等；随时检查粮食、床单的储放；亲自打扫储藏室。

为了节省开支，做到收支平衡，南丁格尔想了不少办法。她改变了过去每天采购食品的习惯做法，选定经过考察可以信赖的商店批发购进。她自己在家里配药，以便省下一笔付给药剂师的费用。她还说服母亲，将衣服被子拿回家洗涤，床单由家里补充，医院的床罩也用旧窗帘改制。

委员们和医院的工作人员渐渐地发现了南丁格尔无私的奉献精神和管理有方的工作能力，而且医院服务的逐渐改观也是有目共睹的，他们对南丁格尔的态度也从疑虑、不屑、抵制转变为尊敬和合作。

而南丁格尔自己也通过这一阶段的工作，学习到了更加巧妙的说服别人的办法。她曾在给父亲威廉的信中写道："我刚刚上任时曾打定主意，不论发生了什么事情，我绝不会背着委员会搞串联。现在我明白了，我必须先把我的想法告诉其中的一些人，说明我的意图，并把事情托付给他们，同时也加进他们的好主意，这样执行起来就好多了，委员们会认为新的工作是由他们和南丁格尔小姐共同完成的，这胜过把功劳都归于我，也更能激发众人的荣誉感和责任心。"

由于南丁格尔的努力工作，精心安置每一位病人，她得到了病人的一致好评，有的甚至对她崇拜有加。

同时委员会和医院的改革也取得了成效，面貌明显改观，这也使南丁格尔获得了充实和满足的感觉，但很快她就感到这个有限的环境还不能充分地磨砺自己，也不能充分地实现她的使命。她的目光开始投向更广阔的方向。

于是，从1854年春天开始，南丁格尔到英国各地访问了许多医院，只为一个基本目标，即为改善作为医院护理支柱的护士们的处境作实地调查，收集第一手资料。在她看来，要使护理工作在医院扎下根来，一是要建立保障和提高护士地位的医院改革制度；二是护士们要以良好的修养提供让人信服的服务。就这样，创办一所护士学校的念头在她脑中产生了。

遏制伦敦霍乱

1854 年夏季，霍乱开始在英国许多城市肆虐。

伦敦城的贫民窟地区，没有下水道，环境十分的恶劣，尤其是霍乱的蔓延，更是肆无忌惮。各地医院一时都住满了病人。在治疗和护理的过程中，许多护士也不幸染病去世，幸存的护士因害怕染病，不少人纷纷逃离医院，一时间，护理人手非常紧缺。

8 月间，南丁格尔自告奋勇，前往英格兰南部的米塞郡医院，去指导那里的病人护理工作。

在这个英国大型医院里，病人很多，而且几乎每隔半小时就会送来一批。在病人当中，大多是穷困潦倒并且酗酒的妓女。南丁格尔总是不分白天黑夜地亲自替她们脱去衣服，敷上药膏。这些染上霍乱的女人痛苦得发狂，整夜都能听到可怕的尖叫声，使医院变成了疯人院一样的地方。

整整两天两夜，南丁格尔一刻不停地忙着救治患者，她的辛苦程度可想而知。

不久，霍乱被遏制下去，不再继续蔓延，南丁格尔的工作也大为减轻。3 个月后，她抽空回家看望亲人。恰好著名作家盖斯凯尔夫人

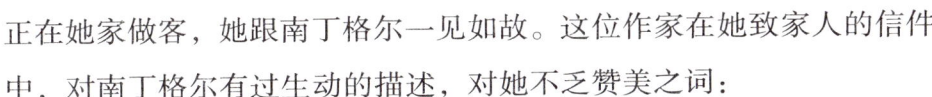

正在她家做客，她跟南丁格尔一见如故。这位作家在她致家人的信件中，对南丁格尔有过生动的描述，对她不乏赞美之词：

> 我在几天前见到了南丁格尔。我真希望，你们能亲眼欣赏一下这位出众的女子，她让人过目难忘。她长得十分的漂亮，身材颀长，腰肢纤弱，看上去亭亭玉立。她有一头浓密而修剪得短短的栗色头发，娇嫩而细腻的皮肤，灰色而低垂的眼睛！
>
> 她的气质，是那样独特而富有魅力；她的眼神，总是那样深沉、忧郁。但是，只要她本人愿意，它们立即变为活泼而欢快的一双明眸。她那一口整齐、洁白的牙齿，使她有着我从未见过的甜美、亲切的笑容。她才艺过人，风趣高雅。同她交谈，你可以获得极为舒畅的内心感受……

然而，一周以后，盖斯凯尔夫人发现，在南丁格尔风度迷人的背后，还蕴藏着钢铁般冷峻的个性。盖斯凯尔夫人惊讶地看到，她并无伴侣，孑然一身，有时，让人感觉她形单影只，但是却充满力量，高高地屹立在上帝缔造的万物之间。她是那样的文静、典雅，甚至有几分柔弱，使人不免产生怜爱之心，以至于刚刚接触她时，一般人很难感觉出她具有百折不挠的个性。

是的，在南丁格尔身上，确实有着某些令人望而生畏的东西。尽管她温和、聪颖，但她仿佛生活在一个诗意朦胧的境界里，那里虚幻悠远，令人望而却步。她的个性与精神也是那样的坚强，仿佛是钢铁铸成的一般，这是很多男人也不具备的稀有品质。

此后，许多与她共事的人，对此都深有感触。那些对她既敬佩又痴情的男人，都在不同程度上体验到了这种滋味。

樊妮自始至终都没能了解她的这个女儿，她对此也非常疑惑。一天，盖斯凯尔夫人来到她家里做客。她含着眼泪，一字一句地向盖斯凯尔夫人讲了她的内心感受：

　　不知为什么，我们就仿佛是一群水鸭子，喜爱并适应自己的生活圈子，而她却像我孵出来的天鹅，生活在另一片天地里。她和我们总是隔着距离，我们在很多想法上格格不入。

　　事实上，正像若干年后，传记作家以顿·斯特雷奇所说的那样，尽管樊妮在很长的时间里一直对女儿的事业并不理解乃至存有怨言，但是，人们还是应该感谢她。因为樊妮"孵出来"的，甚至不是一只天鹅，而是一只苍鹰。她高高翱翔在天上，哪怕栉风沐雨，也依旧显得那样英武、飘逸、洒脱。

　　也就在这时，1854 年的夏天，标志着一个时代的结束，又一个篇章的开始。1854 年 3 月，由于在殖民地利益上的纷争，英、法向俄国宣战。几个月后，英法联军浩浩荡荡，在克里米亚大举登陆。

　　这场战争和南丁格尔的个人使命息息相关，对于她的前途来说，一切不过才刚刚开始。

战争中的天使

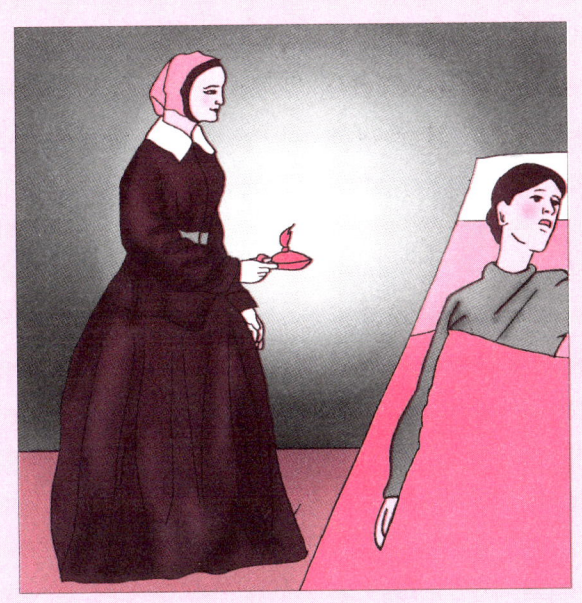

也许若干年后，我们可以到达喜马拉雅山脚。当我们不能到达它的山脚时，请先不要谈论关于山顶的问题。

—— 南丁格尔

战争赋予的使命

19 世纪中叶以来，俄国对国势日衰的土耳其进行蚕食式的侵略。

英国是不能坐视俄国强大的。如果俄国舰队由博斯普鲁斯海峡进入地中海的话，英国的殖民地印度便大受威胁。当时的法国也正和俄国处于敌对的状态。

1853 年 10 月，俄国舰队打败了土耳其舰队，英国终于按捺不住，为了保护自身的利益，决心与俄一战。

1854 年 2 月 21 日，俄国与法、英之间的外交关系断绝。3 月 28 日，英国维多利亚女王正式向俄国宣战。法国也加入英国同盟，也声明为保护土耳其而战。

历史上著名的克里米亚战争就此爆发了。

长期以来，英国人民把英军不可战胜的神话，当作他们坚定不移的信条。英军以往的战绩，使他们充满了自信。他们认为，英军是世界上最强大的军队。这支在滑铁卢厮杀过拿破仑的军队，攻城拔寨，骁勇善战，是攻无不克、战无不胜的。

但是，英国的普通公民可能并没有意识到，今非昔比，自从滑铁卢战役以后，一眨眼 40 年的时间过去了，情况早已发生了巨大变化，英军的战斗力已经骤然减弱。开赴战场的远征军，启程出发前的部队给养供应、卫生保健以及伤病员的医疗，都已经混乱不堪，这使得英军更像是一群乌合之众。

到了 1854 年春天，表面上看来，人心普遍稳定，军队步伐整齐地路过伦敦市区，走上战船准备参战，人群欢呼雀跃地送别他们。但是，谁也不知道，这支部队是多么的不堪一击，他们并没有强大的后援部队，军需给养也毫无保障。这样一支军队，面对给养充足而同样善战的俄国大军，几乎注定要溃败。

战争的第一阶段，最初不是在克里米亚，而是在罗马尼亚。当时，罗马尼亚还只是土耳其的一个省份。俄国人正在那里围困土耳其人，英国人在博斯普鲁斯海峡的斯卡特里建立了一个军事基地。

1854年6月，英国军队在保加利亚的黑海港口城市瓦尔那登陆后不久，霍乱开始流行，对于他们来说这无疑是巨大的灾难，因为登陆的英军成了伤病大军，士兵自动减员导致无所作为。这时，土耳其士兵浴血奋战，花费了巨大代价，才暂时解决了在罗马尼亚境内的危机。

在这种情况下，联军整顿军队，欲摧毁俄国人在克里米亚半岛塞瓦斯托波尔港庞大的海军基地。

进攻塞瓦斯托波尔的战略行动，在英国国内的报纸上曾经公开讨论过，但后勤部从未得到有关正式指令，这使得他们没能先期准备，导致英军在未来的战争中非常被动。

一开始，谁也没有意识到这一点。当英军在瓦尔那港集结，准备大规模乘船渡过黑海向克里米亚进军时，才发现问题的严重性，因为他们的运输力量严重不足。30000名士兵已经把运输船塞得满满当当，像几只巨大的沙丁鱼罐头，而马匹、帐篷、炊具、药品等军需物品，自然没有可以存放的地方，于是，被统统丢在后面。

9月14日，给养严重不足的英国联军在一个海湾登陆，他们并不知道可怕的战争灾难，就在前面等待着他们。

具有讽刺意味的是，英军登陆的这个海湾的当地名称，翻译过来正好叫作"灾难之湾"。难怪与军队同行的一级军医亚历山大爵士不禁大声疾呼："一切都是那样草率、匆忙、混乱！既无医疗运输船，又没有担架、药品、车辆，一支庞大的部队，就这样在异国土地登陆，这等于是自投罗网。"

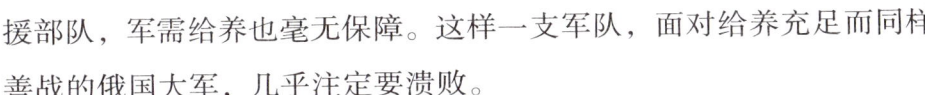

一个星期以后，大规模的战争打响了。

英法联军经过激战，暂时赢得了阿尔玛战役的胜利，俘获了俄军的大量军事装备。但这次战役中，伤员却付出了惨重的代价：没有绷带，没有麻醉用的氯仿，没有吗啡……他们陷入了可怕的窘境，伤员们像蚂蚁一样到处分布。

这时，英军才在斯卡特里向土耳其借了一栋年久失修、大而简陋的建筑物作为临时医院。因为事先未经整顿，不仅外表破旧，内部也凌乱不堪，而且没有医疗设备。

从阿尔玛战役中退下来的伤员、病员，忍受着黑海海面的惊涛骇浪，向斯卡特里兵营医院集中。到达兵营医院后，由于没有床位，他们只好睡在地铺上，身上仍然裹着战场上下来时那些浸透了脓血、粪污的军毯。由于没有医生，根本没人过问他们，有的甚至一天一夜都没有喝到水。

伦敦《泰晤士报》的战地报道曾这样写道：

此刻，战场正下着大雨。天空如泼了墨一般黑暗。狂风像野兽般怒吼，震撼着天地，摇动着帐篷。帐篷中的积水深达几十厘米，士兵们不但没有雨衣，而且连御寒的衣物都没有。他们常常一连站立 12 个小时来保卫堡垒。士兵尝尽了一切发生在冬天的战争所不可避免的苦痛。

苦痛之下，他们宁愿死去，没有一个人愿意活着受罪。事实上，在伦敦雨中彷徨的乞丐都比受伤的士兵们幸福得多，祖国的人民要切记这个事实。

野战病院里器材和药品很缺乏，到处都恶臭扑鼻。重伤的士兵无法治疗，只有坐以待毙。伤兵都由其战友背负而来，但一旦放下他们，却没人来照料……

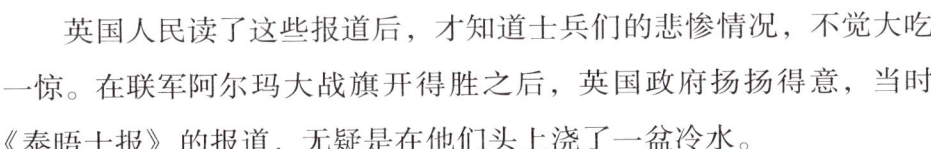

英国人民读了这些报道后，才知道士兵们的悲惨情况，不觉大吃一惊。在联军阿尔玛大战旗开得胜之后，英国政府扬扬得意，当时《泰晤士报》的报道，无疑是在他们头上浇了一盆冷水。

12日，《泰晤士报》的第二篇报道被刊登在报纸上，这是一篇很长又很详细的战地报道：

> 我相信前线战士由于没有健全的医疗设备，以致无法得到完善的治疗而惨痛死去的消息传到后方，必定会引起一阵骚动或令人无法相信。
>
> 但这确是事实，不仅医护人员不足，就连包扎伤口的绷带也奇缺，我真不知该如何表达内心的愤怒和这惨痛的事实！那些不忍目睹这种惨状的百姓们，纷纷捐出旧衣服和床单代替绷带使用……

接着，第三篇报道又来了：

> 几天来，令人悲痛的景象使我对祖国军队医疗设备的贫乏感到悲愤与震惊！受伤和生病的士兵根本没有被当成人来看待。他们独自呻吟，得不到医护人员的照顾。
>
> 法国军队的情况就比较好，他们不论是医疗技术或是设备都很完善，又有足够的外科医生，以及50多位受过严格训练、具有服务和牺牲精神的姐妹会会员来协助医疗工作……

19世纪的英国制度中明文规定，妻子可以随丈夫出征，下面这一封追随丈夫远征的士官夫人所写回来的信，也引起了社会人士的注意：

多么悲惨的事啊！如果你也能目睹这些可怕的景象，相信你会和我一样悲痛欲绝。站在简陋的宽敞而空荡的临时医院里，却仍然可看见外面街道上到处凌乱地横躺着受伤和生病的士兵。

他们与我虽仅咫尺之隔，但我已无法再腾出丝毫的空位容纳他们。眼看着这种惨状，我却爱莫能助，只有尽量不去想他们，以求得片刻的安宁，因为我和另一位士官夫人都不懂医疗知识，我们唯一能尽力的就是炊事工作。这里太需要护士了，却一位也没有。

可想而知，法军里的 50 多位护士每天所要做的事是多么繁重，你应该可以想象得到……

战地报道和不断传来的消息，使英国全体人民悲愤不已，严厉谴责政府和深切同情战场上的同胞。为什么会发生这种情形？为什么一个国家的陆军医疗设备会简陋到这般地步呢？

14 日，《泰晤士报》发表《不要遗弃远征同胞》的社论，向英国人民呼吁：“难道英国的妇女中，就没有人肯献身为在战地医院里受苦的士兵们服务吗？难道我们英国人自我牺牲的精神不如法国人吗？”

这篇社论引起了英国人民的热烈反应，为了拯救远方的战士及慰问他们的辛劳，大众纷纷响应，捐款捐物，报名参加志愿者活动。仅仅一天的时间，就收到高达 2000 英镑的捐款。

而这时的南丁格尔，早已经蠢蠢欲动了，她的心早已飞到了前线，这就是克里米亚战争赋予南丁格尔的使命。

生命中的辉煌篇章

对于克里米亚战争，南丁格尔对社论的关切远远超过了那些大众。她仿佛真的听到了那些伤病士兵们痛苦的呻吟声，他们的哀号时时刻刻都萦绕在南丁格尔的耳边。

34 年漫长的岁月，她所做的点点滴滴，似乎都是为了等待这一天的来临，只要她认为该做的，就从不犹豫。于是南丁格尔决心出面组织战地救护队，奔赴前线为伤病士兵服务。

主意既定，南丁格尔就毫不迟疑地行动了起来。首先，她在热情的志愿者当中挑选了几名技术过硬、品德高尚的护士作为支援救护队的成员；其次，为了摆脱家里的桎梏，她特意请舅舅去恩普利向父母求情；她还拜访了陆军医疗总监，询问是否需要她们随船运送一些医疗器械，甚至还安排好了奔赴前线的行程。

一切都在按计划进行，但最重要的还是要获得政府和军方的许可。于是，南丁格尔向现任陆军财政大臣史得尼·赫伯特的夫人写了一封请愿信：

亲爱的赫伯特夫人：

今天早上我到府上拜访您，但因事前不曾与您取得联络，以致拜访未遇。我现任医疗督察，关于组织自愿医护队前往斯卡特里的计划，希望能与您的先生作一次详谈。

一位非常热心于社会公益事业的夫人，捐了 200 英镑作为 3 位护士的费用，因此吃、住以及一切费用，我们都可自己供给，绝不会给政府增加负担。

我虽不敢完全相信《泰晤士报》的报道，但我确信我们将有助于可怜的伤病士兵。

不知赫伯特先生有什么意见？官方是否会反对？万一有不方便的地方，希望赫伯特先生能给我一封推荐函，这将使我感到无上的荣幸并不胜感激！

至于医院所需的用品，应当注意些什么，请赫伯特先生不吝赐教！我曾问过陆军医疗总督，他说无须任何物品，但为慎重起见，还是请教您的意见。

舅舅已经替我到恩普利去请求父母了！

至于要得到陆军大臣的许可，是否需要要我写申请书呢？

致我最敬爱的夫人。

您的好友南丁格尔敬上

而这时，赫伯特的桌子上也堆满了志愿者的请愿书，看来人员已不成问题了，但是由谁负责呢？这并非任何人都能做到的，选来选去，他觉得只有自己的好朋友南丁格尔最合适。因为她不仅有丰富的医护知识、无私奉献的精神，更重要的是她有优秀的组织和领导才能，于是赫伯特也给南丁格尔写信请她接受邀请。

亲爱的南丁格尔小姐：

相信你在报上也知悉，我们的士兵在战斗中伤亡很大。斯卡特里的医院，特别缺乏护士，这已经成为非常棘手的问题，另外还缺乏绷带、纱布、被褥等。

相对于护理这一问题而言，医用品不久就可解决。我已经通知有关方面进行准备，医药、酒精、淀粉、食品，已经先期发出。在几天之后，如果不出意外，新鲜补给品也即将抵达。

　　缺乏女护士的问题更加突出，这对军队来说甚至是致命的！我不能容忍这种局面的出现。除了男护士外，从过去到现在，在英国的战地医院，尚未有女护士的先例。通常，对于作战部队来说，他们不可能配备大量的女护士。

　　不过，在斯卡特里，有一所非流动的后方医院，因此，我们宁可开一个先例。我也认为，没有任何理由反对接纳女护士。我不是一个观念保守的人。相反，我认为接纳女护士有很多现实的好处……

　　但是，尽管如此，护士队伍的选择并不容易；对于这种情况，没有谁比你更清楚，你是护理业的行家。我们要选派一支得力的护士队伍，就要找到那些能承担任务的女性，使她们加入队伍的行列。她们必须具有必要的护理知识、良好的愿望、充沛的精力、巨大的勇气以及无私奉献的精神。

　　作为这支队伍的管理者，管理任务也是相当艰巨的。除了负责自己的队伍以外，还要与那里的军官密切配合，这并不容易。因此，我们需要的是富有经验、懂得管理的人，而不是一无所能的平庸之辈。

　　据我所知，目前，全英国只有你最合适前往担当此任，全面负责那里的组织和监督工作。我希望你能够接受这项光荣而艰巨的任务。当然，为使你能顺利完成这项使命，我会给予你的工作以力所能及的支持，你将全权负责此项工作。而且，我可以向你保证，军医们得与你通力合作，减少你在工作中遇到的一切阻力，你也有权要求政府提供任何必要的支持。

　　仔细权衡之后，我认为，只有你会给这项工作带来光荣。你知道，有的女士虽然热情有余，但经验不足，用不了几天，就可能撒手不管，半途而废；或者因为效率低下，从而影响到别人的工作，带来意想不到的后果。我之所以希望你担当此任，是因为你个人的品德、你的知识、你的管理经验、社会职位和地位，使你在这项工作中的优势显而易见。

我知道，护理事业在英国一直承受着巨大的压力，尤其是对于女性而言。不过，如果这项工作取得成功，各种偏见和误解就会烟消云散，前所未有的美好事业即可完成。

总之，我知道，你会考虑我的建议，并作出明智的决断。上帝保佑，希望我的愿望可以获得实现，使目前的糟糕局面有所改观。

你的好友史得尼·赫伯特敬上

随后，当南丁格尔欣喜地展读赫伯特的来信时，赫伯特也在满心喜悦地阅读着南丁格尔的自荐信。

就这样，南丁格尔一生中最辉煌的一页徐徐掀开了。

踏上前线的征途

在赫伯特和南丁格尔互相通信后，两人就开始见面商讨这件事的详细计划。接着，土耳其英军医院看护监督任命书就送到了南丁格尔在恩普利的住所。

此消息一经发布，世人对南丁格尔是什么人产生了很大的兴趣。在上流社交界和医护界，她是为人所熟知的，但是一般人却对她了解不多。

《埃莎米那报》对南丁格尔曾有这样的一段文字介绍：

> 她是才学兼优的年轻淑女，通晓古代语言和高等数学，在一般艺术和科学、文学等方面也有很深的造诣。
>
> 她能讲法语、德语、意大利语，运用起这些语言来就如本国语一样的流畅。此外，因为她曾多次到法国、德国、意大利等国家旅行，所以对欧洲各国情况颇有研究。
>
> 出身于高贵家庭而禀性温和的她，能说服任何一个人。

这一段介绍文字还在世界各地的报纸上刊登出来，其间当然不免有冷酷的批评。

> 女性恐怕不能适应土耳其的气候吧！而且，女性不能像士兵一样地训练。恐怕到那儿去，反而要人照顾呢！
>
> 如果一定要派遣护士的话，为什么不选择那些已婚的妇女呢？没有生育和养育过子女的女人，怎能做得了看护病人

的工作呢？

南丁格尔丝毫不为这些毁誉所动，她已经开始进行筹备工作了。她以异常冷静的态度预计以 4 天的时间征集护士、缝制制服、买船票、订房间……

护士征选就在赫伯特夫妇伦敦的家中进行。遗憾的是应征者中没有一个人是自愿的。这些人绝大多数都是以"钱"为目的。护士队除了免费供应饮食、住所和制服之外，每星期还有 12 ~ 14 先令的薪酬，表现好的话还可增至 16 ~ 20 先令，这对于当时薪水微薄的护士而言，的确是十分优厚的待遇。

参加的每一位女性护士都必须在同意书上签字，表示绝对服从南丁格尔的领导，并以友善、谦虚的态度与军方相处。如果与部队士兵发生冲突，即使对方只是一个普通士兵，挑起事端的护士也将被立即开除。

在护士队的成员中，没有一位是年轻女性，几乎全是肥胖的中年妇女。她们之中只有 14 人有在医院工作的经验，其余 24 人都是属于宗教团体。南丁格尔强调，护士队不属于任何特定的宗派。

"选择女性护士的观点应该视其是否适合做护士的工作，而不是根据宗教上的信念来论断……"

护士队的成立受到马尼神父的大力支持，这使天主教会作出空前的让步。他们分别从诺伍德医院和其他修道院派出 5 名修女加入到护士行列，并承诺这 10 名修女完全服从南丁格尔。

此外，还有来自其他宗教团体的修女，也在史得尼·赫伯特等人的奔走交涉下陆续加入，并愿意接受南丁格尔的领导。南丁格尔从这些志愿者中挑选了 38 位最合适的人选，她们在当时都算得上是不可多得的医护人才。

在全国人民的热情欢送下，一个富有历史意义的时刻诞生了。南

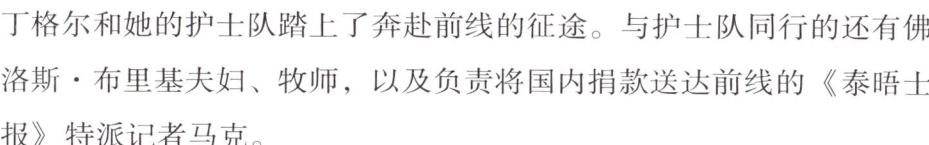

丁格尔和她的护士队踏上了奔赴前线的征途。与护士队同行的还有佛洛斯·布里基夫妇、牧师，以及负责将国内捐款送达前线的《泰晤士报》特派记者马克。

这天，南丁格尔穿着朴素的黑色衣裳，脸上泛着常有的微笑，跟送行的人一一握手道别。在她的前面，危险的战场正等待着她。肩负这份重大责任的人，是不易以平静相迎的，但是南丁格尔的心却像止水一般的安静。

1854年10月21日，南丁格尔率领的护士队从伦敦桥出发。她们预定经过达布伦、巴黎、马赛，并将在马赛补充大量物资，坐快船前往君士坦丁堡。

当她们一行到达英吉利海峡对岸的法国达布伦时，受到了达布伦人民倾城而出的欢迎。港口的渔民、成年的年轻人和妇女们自告奋勇地为护士队提行李、引路，而且不接受任何小费和致谢，连饭店的主人都说："你们可以随意使用饭店，晚餐大家尽量吃，本店免费招待'英国来的天使'！"

这一切都令南丁格尔她们感到非常的兴奋和温暖。只有一点小插曲令人不愉快：护士队里那些自认为高贵的女人不愿意与其他护士同桌就餐。南丁格尔不想一开始就闹得不和，便暂时顺着她们。她自己则与护士们同桌，替她们翻译法语，还讲了几个因语言差异而发生的笑话。

来到巴黎时，她们同样受到市民们的热烈欢迎。热情的人民帮忙把她们送到梅雅莉和她丈夫朱利亚士准备的大饭店。

第二天，她们向马赛进发。

一到达马赛，南丁格尔就忙着订购各类物资，除护士队的医疗用品外，还有陆军紧急委托她为前线部队采购的其他物品。在她自己狭小的寝室内，南丁格尔忙着和各类批发商及零售商交涉、核实，还得抽空接待法国政府的代表、英国领事馆官员和法国报界的记者，以及专程赶来询问她"旅途中是否需要以维多利亚女王的名义获得帮助"的女王使者。

这个时候的南丁格尔，散发着与过去完全不同的美，不同的韵味，坚定的眼神、上扬的嘴角给人一种深刻的印象。

10月27日一早，护士队就搭乘"佩克提斯号"快船到达马耳他岛。这不是一段愉快的旅程，因为船上卫生不是很好，蟑螂到处横行，老鼠也很猖狂，把护士们尤其是那些尊贵的妇人们吓得尖叫逃窜。由于风浪的关系，船身又摇晃得厉害，许多人晕得昏天黑地，弄得大家都十分不舒服。

好不容易撑了过去，但在随后的航程中，这艘船又遇到了暴风雨，船身在浪尖谷底里颠簸折腾，护士们恶心呕吐得死去活来。几个修女相信她们过不了这一劫，便找到南丁格尔，想为她作最后的祈祷。

不料南丁格尔笑笑说："我的想法和你们完全不同，我也相信神的旨意，所以我认为，在什么事都还没来得及做的时候，咱们都会平安无事的。我宁肯把这看作是神对我们的一番忠告：未来的日子不是一帆风顺的。我要去看其他的姐妹们了，你们祷告吧，但不是最后的哀告，应该是美好的祝福！"

她们的船在博斯普鲁斯海峡颠簸前进，终于靠近了土耳其的君士坦丁堡。护士们冒着大雨挤到甲板上，眺望着代表安全的陆地。风雨中，城市的面貌看起来像一张退了色的旧照片，既亲切又遥远。船长指着海峡对岸高处的一长列石头房子告诉大家，那就是斯卡特里陆军医院了。

上岸前，雨渐渐停了，阳光透过厚厚的云层，照亮了海峡一侧的海岸。英国驻土耳其大使特拉派书记来港口迎接。护士队还得再渡过海峡去对岸的斯卡特里医院。

当接运她们的小船靠近摇晃的栈桥时，护士们看见靠近岸边的海水里漂浮着死去的腐烂的马尸，岸上还有因吃不到马尸而狂吠的野狗。她们顺着陡坡望去，三三两两衣衫破烂、步履蹒跚的人，互相扶持着朝医院走去，此番情景不由得使她们打了一个寒战。

从岸边到医院，还有一段长长的陡坡，路面上净是泥泞和垃圾，几乎无处下脚。几位娇气的贵妇高高地提着裙摆，狼狈不堪地一步步挪动，无力顾及她们的行李，南丁格尔和另一些护士不得不多跑几趟，替她们搬运。路滑得很，一不小心就会让人跌个仰面朝天，令人哭笑不得。为了鼓舞士气，南丁格尔有时还故意做些恶作剧让大家保持愉快的心情。

经过艰苦的长途跋涉，南丁格尔一行终于到达了目的地。医院方面，已经有相关人员前来迎接了。他们为护士队举行了简短的欢迎仪式。

走进破败的军营

来到土耳其营地，南丁格尔一行人更加发现，这里有多么的破烂不堪。营地的中央有一个空旷的小广场，广场上一览无余，四个角各有一个瞭望塔，看上去十分陈旧。在密如蛛网的兵营建筑群中，还有一个仓库、一个马厩和一间食堂。食堂里出售很多质量低下的烈性酒，它们是士兵们化解、转移痛苦的必需品。

另外，她们无论如何也想象不到，医院的地下室深处是另一番天地，那里的苦难比起上面的人，可以说是有过之而无不及，里面有许多阴暗、潮湿、发出一阵阵恶臭的简陋房间。

房间里住的是不幸的英国女人，有200多名随军妇女就生活在这里面。她们整天在这里酗酒，过着妓女般的生活，境遇非常凄惨。由于卫生条件极端恶劣，不少人已经死于霍乱，并被草草地埋掉。

此地与君士坦丁堡城之间，交通并不方便。唯一的交通工具便是渡船。斯卡特里原来是君士坦丁堡主要的公墓所在地，向来非常清静，很少有人光顾。所以，这里既没有商店、酒吧，也没有集市。战争开始后，营地四周如雨后春笋般地临时出现了一些帐篷，用作酒馆和妓院。

那儿没有设码头，仅有一个拱形台，只够停靠小船用。伤员们只能被从运输船转移到土耳其轻舟上，再划过拱形台。登陆后，他们被搀扶下担架，步履艰难地走上粗糙的地面，再爬上陡峭的山坡。

情形之恶劣一目了然，这已经使人们的心情相当糟糕，而在这片庞大建筑物表象的背后，还隐藏着更为可怕的灾难。医院原本是提供救治的地方，由于卫生条件极其恶劣，再加上医疗设备的缺乏和落

后，致使这所战地医院成了瘟疫的滋生地。

更具讽刺意味的是，这里的死者绝大多数并非死于原有的战伤，而是死于来此之后才染上的疾病。换言之，他们不是死于战场之上，而是在这里被瘟疫"歼灭"掉了。

塞瓦斯托波尔战役之前，部队由于伤病、饥饿，并且又暴露在恶劣的环境下，无法得到及时的救治，患病率一度很高。当他们拖着伤病之身，被送到斯卡特里，并且住进军营医院后，由于建筑卫生条件太差，很容易引起高烧，加上营养不良，环境肮脏和拥挤不堪，往往大量地死在军营医院中。

1854 年 11 月，当南丁格尔到达这里的时候，食品、药品、医疗必备品均已极度短缺，对此，军医们也是束手无策。而且，严冬已经迫近，更大的灾难将会降临。

这种严重的局势，无论是在当地，还是在英国国内，当时都已有人察觉到了，但是，他们却是心有余而力不足。面对英军医疗管理制度的腐败、混乱，他们都无计可施。

当时，负责军队医疗卫生事务和医院管理的共有 3 个部门：后勤军需部、粮秣总监部和卫生部。并非他们不肯努力改变现状，连续 40 年的经济萧条，已使这些部门拮据至极。

例如，因为发不出工资，不得不实行全面的"精兵简政"，粮秣总监部的主管人员，在不得已的情况下，已很快削减至 4 人。由于人手缺得要命，当战争爆发时，这个部门显得非常无奈，因为，他们几乎派不出一名称职的粮秣长官。

最后，经过长时间的斟酌，终于一锤定音：被派往斯卡特里的粮秣长官沃尔德先生已经年逾七旬，整天不是气喘吁吁，就是咳嗽不止，人称"可怜的老沃尔德"。仿佛是为了与他的年龄和身体状况相适应似的，他所率领的后勤处，竟然只有两名并无经验的文书和 3 名兼做信使的勤务兵。

兵站司令官菲尔德先生的处境也好不到哪里去，因为家里家外，他也只有3名下属，他们不得不超负荷地工作：管理整个克里米亚战区的军需供应。因此，医院的供应状况紧张、混乱也是情理之中的事，而且，已经到了让人无法忍受的地步。菲尔德先生后来对政府检查团抱怨说，他在这里工作了好几个月的时间，竟然根本不清楚他同粮秣部之间的职责界限，因为没有人能说得清楚，就连上级部门都有些迷迷糊糊。总之，这是英国军队在建制方面存在漏洞的结果。

军医同粮秣官的职责界限变得更加模糊。这导致的一个必然而又可气的结果是，军医尽管可以慷慨地给伤病员开列各种特殊膳食，但伤员实际上能否得到这些照顾，则是另一回事了。

军需部和粮秣部本身的权力也很有限。根据当时英国的军事条例，军需部仅仅有权供应开列在认可书上的物品。结果，出于这种认可，很多军需品常常被无故拖延，进而造成军用物资的匮乏。

条例还规定，伤员入院时必须携带本人原有的被服、食具。而实际上，绝大多数伤员在到达医院时已经是孑然一身，一无所有。因运输能力有限，或者别的原因，伤员们的被服、食具通常被滞留在前方战场上。即使是这样，粮秣部也从不考虑提供这些起码的必需品。

战地医院的混乱场面，就是这些不合理制度造成的恶果，当军医孟席斯大夫最初突然接到指令，把原来的土耳其军营改成医院，准备收治阿尔玛战役的伤员时，他只能把这个指令转给"可怜的老沃尔德"。至于粮秣部能否在这么短的时间内把斯卡特里的基地、酒店变成适用的医疗场所，他就顾及不到了。

沃尔德老先生却又无权动用军需费用到外面的市场上征购物资，而他所急需的物资都是认可书上所没有的。他只好照章行事，向军需部报告，请求火速补给。

军需部只在他填报的物资单上填写"库存无货"的字样，事情就此了结了。

对于诸如此类的"阴暗局面"，士兵们仍然蒙在鼓里。他们成了这场战争名副其实的牺牲品。伤兵怀着求生的希望，一批接一批地到达这里，被堆在破陋不堪的兵营里，痛苦万分地等待渺茫的生机。冬天已经迫近，许多伤员却没有衣服御寒，更有甚者赤身裸体地躺在泥巴地上。

从另一方面说，在某种意义上，正是军官们的漠不关心，以及他们对待普通士兵的野蛮态度，导致了英军在克里米亚战争中的失利。在残酷的战争环境中，军官与士兵都经历并忍受了极大的艰苦与牺牲，而且，军官们也可谓是勇敢、坚强、不屈不挠。但是，他们对待自己的士兵，似乎却并不在意，这让南丁格尔非常愤怒。

斯卡特里的军医们最初得到南丁格尔被任命为前线医护团总领队的消息时，不由得十分反感。原因极其简单，因为医务人员严重短缺，他们长期加班加点地工作，早已疲惫不堪，心情灰暗，沮丧到了极点。他们原本指望有"精明能干"的"铁腕人物"来这儿，以便迅速地改变现状，而现在，他们万万没想到，来拯救他们的却是一位来自上流社会的年轻"贵妇人"，还有她那帮看上去娇惯吃不得苦的护士。

军医们满腹牢骚，猜测纷纷。有人说这个叫南丁格尔的女人将来必是大家的包袱，她是一个多事的讨厌鬼；有人则说，她是政府派来的密探，让大家小心提防。

与军医们的较量

"我并不完全相信《泰晤士报》的报道。"南丁格尔出发前在给赫伯特夫人的信中这样写道。但现在她亲眼看见的，不仅不亚于新闻报道，其悲惨的情况还远远超出了她的想象。

南丁格尔看到这一切后立刻写信告诉赫伯特，她说："国内各报对战地医院的描述和实际悲惨的状况，完全是两回事，这里简直比地狱还要凄惨！"

年久失修的古建筑被用来充当医院，除了宽敞之外，根本没有哪里符合做医院的条件。在这里沿房而筑的简陋下水道，不但无法流通，而且积满了脏物和散发着恶臭的污水，一阵风起，臭气弥漫到走廊和每一个病房，令人作呕。

走进病房，地板磨损剥落，千疮百孔，随时可能把人摔伤。墙上积满了厚厚的灰尘，成为毒虫、微生物的大本营。污秽的环境使老鼠横行无忌，经常跳上病人的被褥，甚至咬掉病人的鼻子、脚指头……

斯卡特里医院由于伤病员过多，虽然很大却也显得拥挤不堪，每两张简陋的床间只有0.8米的狭小距离，但竟然排了6000多米，每张单人病床上必须容纳4位伤员。

无论是因受伤或手术失去手脚，因发高烧而不省人事，或因冻疮而伤口溃烂发臭，以及因赤痢、霍乱的侵袭而垂危的各种伤病员全部挤满医院的每一寸土地。没有按病情分开，也没有采取任何隔离措施，这使得病人们出现了交叉感染。

这样的医院，要供应足够的日常用品不是件容易的事，首先感到匮乏的就是病床和毛毯。在这种物资匮乏的环境下，只好用粗糙的帆

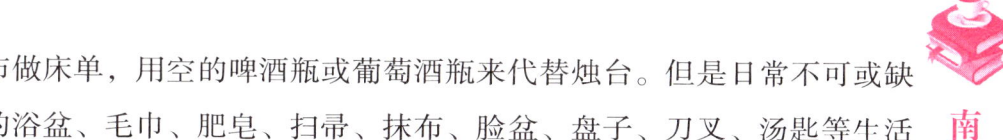

布做床单，用空的啤酒瓶或葡萄酒瓶来代替烛台。但是日常不可或缺的浴盆、毛巾、肥皂、扫帚、抹布、脸盆、盘子、刀叉、汤匙等生活基本物资却一样也没有。至于病人所需的医疗用品如担架、绷带、消毒燃料以及药品等就更不用说了。

医院为新来的护士队腾出了6间房，还包括厨房和一个狭小的房间。这儿原是3个军医的宿舍，现在却要挤上约40个人，而在医院的另一角，同样大小，而且更好的一片住房，只住着一位少校军官。分给护士们的这些房间阴暗、潮湿、肮脏，房间里没有任何摆设。看到如此破败不堪的住所，不但护士们有些不满，就连陪同她们的军官也觉得很尴尬，没一会儿就灰溜溜地躲开了。

南丁格尔决定，最大的房间住14名护士，稍小的房间住10个人，她自己和弗罗斯·布里基太太住那间最小的，布里基先生和男译员信使住一间兼做办公室，担任厨师的克拉克太太与她的帮工晚上将就住在厨房，楼上还有一个房间，由其他8名护士合住。

房间分派好后，这些护士跑上楼去查看，马上又大惊失色地跑下楼来，因为房间里还停放着一具俄国将军的尸体。弗罗斯·布里基先生只好喊来两名士兵，趁护士等候时把尸体运走了。

房间未经打扫就住进去了，因为根本也没有工具可打扫。这里没有床铺、被褥，没有食物，更没有打扫的工具。南丁格尔独自出去，到医院找来了几个镀锡铁盆盛茶水用。大家安排得当坐下喝茶时，她讲起了刚刚打听明白的事：

在这个所谓的"医院"里，几乎没有任何设备。不要说家具，就连最普通的日常生活用品也没有，这些铁面盆便成了"万用盆"。而且每天的用水量有限，包括洗漱和饮用。说到这里，南丁格尔告诉大家，目前最好忘掉洗澡和洗衣。护士们听了面面相觑，无言以对。

没有床铺，护士们夜里只能睡在从医院办公室借来的长椅上，早晨还得赶紧送还回去，等晚上睡觉时再借；没有被褥，她们只好将所有的衣服都拿来裹在身上。

第一天夜里，尽管大家旅途劳顿，身心疲惫，但大多数人还是彻夜难眠。不远处伤病士兵的痛苦低吟不绝于耳，老鼠整夜在桌子下乱窜，跳蚤也异常活跃，再加上时令已经是初冬，寒气逼人。但就是在这样艰苦的环境下，护士们仍然有理由感到满足，因为她们知道伤员们的痛苦比这还要大得多。

最初几天，她们的日子过得很是难受。军医们根本不理睬南丁格尔，有意冷落她、孤立她，以此表示对她的不屑和怀疑。只有一位军医"良心仁厚"，在第二天，就接受了她提供的护士和医疗器材。不过，他以后便同样"销声匿迹"了，恐怕是"人单力薄"，不得不顺从其他人的缘故。

南丁格尔见此局面，感到很生气，便决定暂时"按兵不动"，等军医们自己找上门来寻求帮助。她认识到，在她能真正投入工作之前，有些护理工作以外的影响因素是必然存在的，她对此早有准备。她必须赢得军医们的信任，这样，才能够顺利开展工作，因为"孤军作战"几乎没有多大意义。

为此，南丁格尔不得不违心地采取了这样的态度：她决定不再提供护士和医药储备，而是"以静制动"，耐心等待军医们向她求援。她将显示出这样一种姿态，就是她和她的护士队，同样会团结一致，既不干扰军医们的工作，也不想吸引他们的注意力，她们准备完全"屈从"于军医们的权威。而且，她也要让军医们充分意识到，她和护士们都将听从军医们的调遣和使用，不会对他们有任何为难。

然而，在局面如此紧张而迫切的情况下，做出无动于衷、无所作为的样子，是需要极大的自我克制的。由于遭受孤立，暂时无事可做，南丁格尔便吩咐护士们自觉行动起来，在宿舍里清点物资，缝制破旧的床单、衣物、枕头、吊腕带等，做到未雨绸缪，以备日后使用。她们就这样忙活起来了。

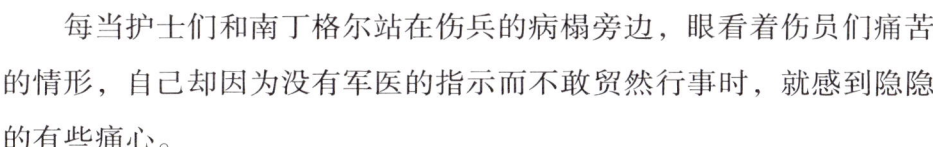

每当护士们和南丁格尔站在伤兵的病榻旁边，眼看着伤员们痛苦的情形，自己却因为没有军医的指示而不敢贸然行事时，就感到隐隐的有些痛心。

过了差不多一个星期，护士们就开始沉不住气了，有的开始抱怨南丁格尔。有的人说："我们大老远地从英国来到这里，究竟是为什么？难道就为了做这些细微的琐事吗？"

就在这时，由帕拉库拉玛带来的伤兵在斯卡特里下船了。和以前几次一样，伤兵人数如潮涌般地增多，而医院的情形，不但未见改善，反而日益恶劣。

然而，南丁格尔还是坚持不准护士们擅自行动。她只将护士们略作调度，一部分人留在临时医院，一部分人被派往400米外的陆军医院，并严格规定：夜晚所有在外的护士一定要回到临时医院就寝。

由于在厨房的表现，南丁格尔在医院中总算站得一席之地。

南丁格尔发现，要想在这所战地医院里做些像样的食物，实在是难度巨大，甚至是毫无可能。全部炊事用具就是13口土耳其式的大铜锅，每口铜锅的容量大约是55加仑。伤员饮用的"茶水"，就是在这种未经涮洗、煮过肉的铜锅中煮成的，味道很难闻，自然很难下咽。

分给每个病房的猪肉，都要事先交给各个病房的值班员，拴上一条破布，或是插上个锈钉子之类的东西，做好标记后，再放入锅中去煮。值得一提的是，煮肉的水一般根本烧不开，因为烧锅的柴火都是些青树枝，燃烧得并不充分，顶多是呛人的浓烟而已。所以，士兵根本吃不到真正煮熟的肉。

这些半生不熟的肉，由各个病室的值班员领回去，常常就在他自己的床板上切割，再分给病房的伤病员。这样的食物，这样的吃法，连健康人吃下去都难以忍受，自然可以想象霍乱、赤痢患者吃下这种肉会产生什么后果。因此，长期以来，伤病员个个饥肠辘辘，且经受着腹泻的严重折磨，此情此景，实在令人不寒而栗。

这种种恶劣的情况，直至南丁格尔开设了"小灶"才有所改观。

在马赛短暂停留期间，南丁格尔就购置了便携炉灶、牛肉精、葛粉、红酒等。当帕拉库拉玛战役的伤病员到达斯卡特里时，南丁格尔征得军医们的同意，把滚热的葛粉粥、红酒等成桶地抬出来，慰劳那些幸存的伤员。

对于饥饿不堪的伤员们来说，这真是喜从天降。于是不出一个星期，南丁格尔的小屋，立即成了闻名的小灶厨房。大家对这个小厨房津津乐道。以后的 5 个多月里，这个小厨房，便是唯一能为伤病员提供像样病号饭的地方。

不过，南丁格尔本人严格遵守管理规定，除医院的军医签字以外，从不自作主张发放任何食品。这一点赢得了军医们一致的好感。

到达斯卡特里的第五天又来了一大批伤病员。南丁格尔除了做饭以外，其余的都顾不上了，她甚至特地钻研起了食谱，以便更好地照顾士兵们的口味。

在紧张、奔忙、忘我的工作中，他人的偏见和让人不快的冷遇，都被暂且忘掉了。但是，让人想不到的是，越来越多的伤病员总是源源不断地涌进医院，甚至整整一个冬天没有中断，医院的工作越来越紧张、繁忙。

拯救士兵的天使

1854 年 11 月 5 日，俄国军队强攻居高临下的英克尔曼，以免除其对塞瓦斯托波尔港口的威胁。面对俄军强大的火力，英军奋力抵抗。经过激战，英军凭借弥漫着的浓雾做掩护，获得了先机，打赢了这场仗。但是，这场战役不仅让他们损失惨重，而且使整个队伍疲惫不堪。

当时的情势已十分的明显，由于俄国军队人数众多，而且军备实力强大，英军不可能在开春之前攻下塞瓦斯托波尔港口要塞，便打算在塞瓦斯托波尔附近的高地据守过冬。

但让他们感到无奈的是，那里既无给养，又无输送给养的办法，帕拉库拉玛连接高地营区的唯一通道已被重炮的铁轮碾轧得无法通行。所以，这里的冬天，对于他们，将是比战争本身还要可怕的灾难。

正如他们所预感到的那样，可怕的灾难终于再次来临，当冬天迅速到来时，寒风凛冽，无遮无盖，物资匮乏的英国军队就这样据守在高地上。为了获得热量，士兵们身体挨着身体，但还是冻得浑身发抖，面色铁青。可以说，所有战争的必然后果之一，就是参战者往往要经受生不如死的肉体之痛。

饥寒交迫的士兵没有任何燃料，任凭没完没了的雨雪灌到脖颈里面浸透薄薄的军衣。为了取暖，所有的灌木、所有的树桩都被他们贪婪地挖掘出来用作燃烧之物了。在没有燃料的情况下，士兵们只好开始挖树根、草根，在身体旁边燃起堆堆小火。他们睡在泥地上，吃的是干豌豆和半生肉。在这样的情况下，很多人在呻吟中倒下，病员的比率迅猛攀升。

运载首批病员的运输船未经事先通知便抵达了斯卡特里医院。军医们手忙脚乱，在一筹莫展、无计可施的情况下，开始向南丁格尔小姐求援了，首先要解决的是铺位问题。

南丁格尔小姐马上组织她的护士队，迅速用干草塞满了一只只口袋，铺在病房里、走廊里供病员们躺卧。枕头、毯子自然是没有的。随着人数的不断增加，几天后连布口袋也用完了，而病员还在源源不断地涌来，只好让他们睡在光秃秃的地板上。

到后来，几千米长的走廊上密密麻麻地躺满了病员，像是密集的蜂群。由于人员众多，彼此之间几乎连空隙也没有。地板无法打扫、无法擦洗，爬满了各种害虫。害虫之多达到了让人无法插足的地步。

当志愿随军的牧师奥斯本跪在地上俯身为快要死去的士兵记录遗言时，他的笔记本上竟密密麻麻地爬满了虱子。这种景象，是这位牧师有生以来从没有见过的。他惊慌得要命，甚至对自己的牧师职业产生了怀疑。

军医们其实都很敬业。尽管压力很大，但他们并不退缩，个个都像狮子一样奋不顾身地投入工作。但是，毕竟伤病员太多了，他们也不免有些力不从心的感觉。有的伤员入院两个星期，还未曾见到外科医生。当时，那里既没有手术台也没有帷幕，截肢手术只好在病房里众目睽睽之下就地进行，惨叫声不绝于耳。这种状况，差不多延续了一周多，其他士兵可以目睹到的这种可怕景象，也持续了一周多。

奥斯本先生描述说，一次截肢手术是"在两块木板架子上完成的。在手术后期，因为没有桌子我只好用我的胳膊支撑，另一个外科医生顶住我的腰。而别的士兵就在附近看着这一切，他们内心的恐惧是显而易见的，因为他们迟早也要经受这种非人的痛苦"。

在这种情况下，南丁格尔最早的几项改革之一，就是从君士坦丁堡买来帐幕，把手术操作过程遮蔽起来，使其他伤员不至于目睹他们迟早逃避不了的苦痛，伤员们对此非常感激。

南丁格尔计算了一下，到此刻为止，医院里至少有 1000 多名患急性腹泻的病人，而医院只有 20 只便盆。另外还有些大木桶整日整夜放在病房里、走廊里，供病人小便。过去，由于值班员不尽职责，不愿意清理打扫，这些便桶就这样整天放在那里，气味极其难闻。南丁格尔来到后马上建立值班制度，护士们轮流处理这些马桶。

她曾这样记述道：

> 马桶的味道，曾经让人震撼，但和士兵们因无法得到及时救治而纷纷死亡的情形相比，味道不好，又算得了什么？
> 死亡率之高，令人胆战心惊，而这只不过才是个开始。

更糟糕的事情还在后面。

不久，天气变坏，克里米亚地区受到了一场飓风的毁灭性的袭击。飓风过后，人们惊恐地看到，营地的帐篷被吹得七零八落，有的甚至都成了碎片，而且飞出数千米远。

巴拉克拉瓦港湾中，所有的船只都被摧毁了，最后统统沉入海底，而其中的一艘大船刚刚到岸就遭遇了一场飓风。它满载着被褥和其他过冬给养，结果，一件东西都没来得及卸下，就"轰隆"一声沉入了大海。

暴风夹带着雪的冬天，加剧了受伤士兵的苦难。患赤痢、腹泻、风湿热的病人与日俱增。又有几艘船的病人接连运抵斯卡特里，新运到的病员狼狈不堪，饥寒交迫，满身虱蚤。他们已经丢弃了棉衣、鞋子、衬衫，只穿着肮脏的满是窟窿的破布，样子着实令人作呕。有时，他们甚至是赤身裸体地来的，连他们自己也都向护士连连摆手，嘱咐护士不要走近他们。有的说："就连我自己的母亲恐怕也不愿意碰我一下。"

到了 11 月底，医院的管理系统陷入瘫痪，各个部门都怕担负责任，招惹非议，谁也不敢出来负责。在这种情况下，一筹莫展的官员们终于认识到，在斯卡特里当前的危难中，只有一个人有能力站出来力挽狂澜，这就是既有财力、权力，又有能力的南丁格尔小姐。

南丁格尔支配着一笔 30000 英镑的巨款，其中，有 7000 英镑是她个人筹集的，其余是由各个基金会捐助的。在那个时代，君士坦丁堡还是世界有名的大商埠之一，在那里可以买到很多物品，这也使得南丁格尔所支配的资金可以派上用场。

所以，在那样多灾多难的情况下，南丁格尔简直就是天使。

的确，当浑身是虱子的伤兵经过南丁格尔的身旁时，她毫无憎厌之色。而且人们发现，不论需要什么，无论是手术台、奶油布丁，还是其他的物品，只要求助于南丁格尔很快就可以得到解决：每天，她都要仔细了解军需部门缺乏的必需物品，然后马上派人从君士坦丁堡买来，再由她依据军医签字的领物单分发下去。

随军牧师也曾这样写道："只要军医有所要求，她就立刻把面包、椰子粉、汤汁和其他美味的滋养食品，大盘大盘地送到伤兵的面前，这对医生的治疗工作是非常重要的一环。我由衷地感谢上帝，这些可怜的士兵不再饥渴，不再被人们遗弃！"

所以，没过多久，军医对她的怀疑和误解便彻底消除了。但是官僚习气依然阻碍着救护伤病员的工作。虽然南丁格尔有权向政府申请生活及医疗用品，但每逢急需时，却都因形式或规则等种种原因而无法取得所需的物品，她经常感到厌恶，解尽私囊解决了许多问题。

当南丁格尔在寒冷的夜里起来巡视时，她发现壁炉里只剩下星星之火，病人们紧缩成一团冷得瑟瑟发抖，但是三更半夜，官员们绝不会冒着严寒为医院去拿柴火的。于是，她只好把自己房中仅存的柴火搬来。

第二天，南丁格尔向官方提出正式申请，希望上级能拨下更多的

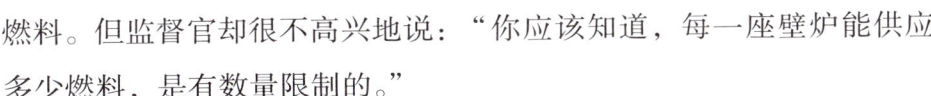

燃料。但监督官却很不高兴地说："你应该知道，每一座壁炉能供应多少燃料，是有数量限制的。"

"这个我知道，但对于特别寒冷的气候，是否应该酌量增加燃料？"

站在南丁格尔一旁的主治医师也尽力为病人争取。

"你的意思我理解，但是否能通过，还要经过会议后才能解决。"

"那就请你们赶快开会决定吧，最好能及时赶上今晚的需要。"

"这怎么可能？会议得先定好一个日期，再通知与会官员，才能正式召开。何况现在那些重要官员有的出差去了，有的到外地度假去了，还有的生病请假了，最近两天内，绝不可能召开的。"

"那能不能请你先拨下一些燃料，至于会议的召开或问题的裁定，你们可以等到春天暖和一点的时候，再慢慢讨论。"

监督官看着言语带有戏谑性的医生，觉得有点难为情，于是便拨了一部分燃料给他们。但是，政府阶层繁多，而且一层比一层盛气凌人，每一个部门的监督官又都有自己的陋规，事情没有那么好商量，因此有许多问题无法顺利解决。

由于医院物资短缺，病人大多光着上身，没有衣服可穿。于是南丁格尔向政府申请27000件衬衫，这项要求很快就得到了许可，并且分发下来。当士兵们看见一大包的衬衫寄来时，大家都迫不及待地想要取得自己的一份。

但是，经手的官员说要把衬衫打开必须经过会议同意后才行，不可随便决定，任凭南丁格尔费尽口舌，仍然不允许领取。直至两个星期后才通过这项议案，但是这时候冻死的士兵，已经不计其数了！

军务大臣得到这个消息后，立刻来信给补给官说："现在正处于战时，一切行事无须过分拘泥于形式，应当随机应变，缓急有序，不可耽误公事！"

尽管军务大臣一再强调，但根植已久的陋习和作风，一时却无法改变。南丁格尔看到病人的惨状，心急如焚。对于那些官僚习气，她内心的愤怒达到了极点。

后来，再遇到类似的情形，南丁格尔只得采取强硬的态度，不再理会什么会议不会议的，径自解开包裹，官员们也不再说什么，因为为了病人的生命，这种做法也无可厚非。

伤兵们都始终穿着同一套衣服，并且都因作战而破损或沾满血迹，或因流汗以及尘埃而结成厚重的污垢，到处可见跳蚤和小虫子。

"士兵的衣物必须随身携带，不可有任何遗失。"这是军中的规定，军医方面就是以此为理由，不肯分发所需的衣物。

事实是，在战役中士兵们遵照命令丢弃了背包，所以他们在伤病后送到医院时已无衣服替换。南丁格尔在与官员们争执了一番后，官员们根本不理睬她争取替换衣服的建议。

于是，在官员们冷漠的态度面前，南丁格尔毫不犹豫地用自己的钱买了许多衣服、鞋袜及其他生活必需品，还做了很多的裤子和睡衣……

在她购进的第一批物资中，包括 200 把洗衣刷和拖地板的墩布。她坚决让值班员按时把病房和走廊里的便桶倒掉，及时打扫并清洗地板。紧接着，她又组织地下室的那些妇女们为所有的伤病员洗衣服。

到了 12 月底，整个医院的给养实际上已经由南丁格尔小姐负责了。两个月以来，她按军医们的要求，已向伤病员提供了 6000 件衬衣、2000 双袜子、500 条内裤。

"我倒成了个杂货商。"1 月里，她写信给史得尼·赫伯特说："现在的我，就像是给赤裸的、可怜的士兵穿衣服的保姆。从餐刀、餐叉、汤匙、木勺、浴盆、卷心菜、胡萝卜、手术台、肥皂、毛巾、牙刷，到杀虫粉、剪刀、便盆、残肢软垫等，一应俱全，而且还要兼任清扫工人、洗衣妇。"

塞瓦斯托波尔外围的情况在继续恶化。刚进 12 月时，战地总司

令官拉格伦勋爵宣布，又将有 500 名伤员启程来斯卡特里，而医院此时实在无法容纳更多的人了。

唯一的办法就是扩建病房。

在斯卡特里野战医院这座简陋的建筑物里，尚有一间脏乱的房间，这是昆虫和老鼠滋生最多的地方，充满瘴疠之气，没有人敢进去。

在无计可施之际，南丁格尔只好姑且认为，如果加以整顿的话，或许可以缓解一下目前的急需。但是只有一个军医同意，官员却没有一个人敢擅做主张。

"改建一个房间，需要一笔可观的资金。"

"这等于重建。稍微整理的话，仍然无法成为人居住的地方。"

"如果要重建，那事情可就大了，谁敢负责呀！"

提到责任，他们只会设法推卸，没有人愿意出面解决问题。依照政府的规定，重建必须由医院主管向伦敦军医总督提出书面报告，并且还要经过陆军部官员协商，然后陆军部再与国防部商量之后，才由国防部正式申请财政部，得到财政部的同意，陆军部才能请总督批准，按提议进行重建工作。

如果一定要经过这一大圈子的公文履行，才准许总督把命令下达给斯卡特里的话，克里米亚战争恐怕早已结束，此时伤兵病人早已死光了。眼看着伤兵就要到了，不管怎样总得先想个办法来收容这批可怜的伤兵呀。

南丁格尔心生一计，她想，如果直接与驻君士坦丁堡的大使夫人商量，借着夫人的传达使大使明白事态已刻不容缓，请求他的支援，直接请工兵部部长下达命令，立刻修理病舍，这样一来，不就缩短了拖延的时间了吗？

果然如愿以偿。南丁格尔立即雇了 125 名工人进行重建工作。但不知为何，这些工人竟中途罢工，而大使也怕招惹麻烦，于是临阵脱逃，不加理会了。

真没办法，南丁格尔只好再度动用私款，雇用了 200 名工人加紧赶工，总算如期完成了工作。同时，还引进了不少医疗设备。而这一切，调配处根本不曾过问。

当那 500 名伤兵从运输船上下来，受到南丁格尔及护士们以清洁的寝具和温暖的食物的热切照顾时，人人都感动得流下了眼泪，其中一位士兵喃喃地说："我们是不是来到天国了？"

这件事在医院中引起了很大的震撼，南丁格尔的能力首次在斯卡特里获得肯定与尊敬，感激很快地扩散至每个人的内心。

但是，对于南丁格尔自己来说，这个情势的演变完全是偶然的，她只是想借此机会证明，作为一名女性护士是有她存在的价值的，而这也正是她所肩负的使命。

渐渐地，南丁格尔的业绩轰动了远近。这就是斯卡特里战地医院的人所称道的"南丁格尔权威"所创建的第一批重要业绩。尤其当人们得知，她这项建设已被英国皇家陆军部官方正式批准，她所垫付的款项也由国库付还以后，她的声望更高了。

但就南丁格尔本人来说，这一点点成就微不足道。因为她始终认为，她的使命在于向人们，尤其是向当时的英国社会证明，妇女在护理工作中是可以起重大作用的。

但不幸的是，在这个时候，她在组织和调动自己率领的这些护士时遇到了困难。而且，这些困难甚至超过了她同军医们、军需官打交道时所遇到的困难。

"夫人，我离开英国来到此地原是准备服从一切条件的。但是，现在，这儿有些条件、规定我却无法遵循。就拿这里的白帽子来说吧，有人戴着合适，有人戴着就不合适。我若是早些知道这里工作不戴白帽子不行，我就不会大老远地从英国跑到这里来了。"

南丁格尔写道，这些就是"我们虽然正处于水深火热之中"，却又不得不一一解决的各种问题。但要说服这些护士和修女们，使她们认识并维护医院的各项规章制度的确非常困难，甚至不可能。

护士们也不理解，为什么有些伤病员喊着闹着要吃刺激性食品，而护士们未经军医准许绝对不能擅自给他们吃。为了这类规定，她们抱怨南丁格尔小姐，认为她关心个人的权力胜过关心伤病员的疾苦，因而常常不服从她的指示，有的甚至开始疏远她。

南丁格尔并不动摇，坚持按医疗卫生的规定办事，并毫不放松对护士的要求。12月14日，她满怀欣喜地写信给史得尼·赫伯特：

经过几番忍耐与等待，我们终于在医院中正常地展开作业了。您一定想不到，我们在短时间内已经完成了如下事宜：

就餐厨房已经正式启用；进行了病房大扫除，我们分发了抹布、地板擦、扫帚和梳子；2000件衬衫已经分发到伤病员那里；产科医院开始正常运作，为随军妇女提供方便；寡妇和士兵的妻子得到了必要的照顾；大量的包扎工作，由我们当中最能干的人进行；800名伤病员的病房修理工作已经完成。

南丁格尔详细地列举了她们已经完成的工作，此后很久，她再也没有写出如此轻松愉快的信了。

遇到突然的麻烦

就在南丁格尔给赫伯特写完信的当天下午，她突然获得了一个让她惊讶的消息。又有一支46人的护士队，将于第二天抵达斯卡特里，领队是史得尼·赫伯特的朋友玛丽·斯坦利。

此事事先并没有同南丁格尔商议，这直接违背了她同赫伯特之间所达成的协定。而且，这支护士队将不由她管理，而指定由高级医官库明先生负责。这显然超越了南丁格尔的正常职权，也必然会给她的工作带来影响。

南丁格尔很气愤，1854年12月15日，她再次写信给史得尼·赫伯特。

亲爱的赫伯特先生：

当我受命来此担任护士队队长之时，曾有明文规定，除非我要求，否则就不增派护士前来，一旦我有需要增加人手，甚至无须经过军医团的许可。

承蒙您的看重，认为我是担当开展护理工作的第一人，也曾说如果我拒绝担任领导者，一切计划必遭终止。当时的一番恳谈，令原本就有心奉献一己的我，更坚定了信念，愿为提升护士的地位而牺牲自己。

好不容易整团出发，名为40人的护士队之中，可用之人仅约半数。到达目的地之后，除了要严守军中纪律，还要应付许多不同于平常的情况，真可谓困难重重。

几经努力，情况逐渐好转，也开始赢得军医们的信赖，不能不说，我们的计划已有了几分的成功。

可是，这一切的成果刚冒出了新芽，却在没有任何人的需求下，因一群新来的40名护士，而终告受挫！

因为，原就不足的粮食与物资，势必因她们的来到而日渐短缺，对前一批好不容易才上轨道的护士而言，这更是不公平！而且，罗马天主教徒在护士队中所占的比例，目前本来就很高，这样一来，比例就更加上升了，这只会使各方矛盾激化，增加管理上的麻烦。

所以，如果我们因此无法达到目的，不如让我辞去队长的职衔，也请您另请高明。当然，在新队长上任之前，我会尽力做好分内的工作。请原谅我由衷的直言。

南丁格尔敬上

事实上，史得尼·赫伯特也有苦衷。他的健康状况很差，工作负担却极其繁重，已是心力交瘁。玛丽·斯坦利是半途改变宗教信仰，秘密地改为信奉罗马天主教的人。在她混杂不清的思绪中，既有宗教狂热，又有对南丁格尔功名和业绩的嫉妒，而且她的背后还有曼宁神父的支持。这位曼宁神父，此时正处心积虑地妄想贪功，把斯卡特里前线护士们辛苦获得的美誉，转移到他所属的教派之上。

这种伎俩自然为人所不齿，布里基先生一向嫉恶如仇。他在这件事情上非常愤怒，称之为"天主教的阴谋诡计"，而南丁格尔虽然也很气愤，但同时感到荒唐可笑，甚至感慨万千。从彼此相识、交往开始，她同曼宁神父本人是朋友，在很多问题上看法一致。而且，出于某种感激之情，南丁格尔在公开场合曾经不止一次地说过，曼宁神父是个好人，对她一向是公正的。但是，人性是那样复杂难测，她如今是深切领教了。

这次，玛丽·斯坦利一行的到来，对南丁格尔小姐顺利完成使命的确是个不小的打击。在此之前，她在斯卡特里残酷的环境中节节胜利，而在斯坦利一行到来之后，她个人的权力和威信大受影响，对于工作的顺利开展同样是一种打击。

同时，这项使命本来的崇高目的，但现在却被笼罩上一层宗教之争的迷雾，正如前面所提到的那样。玛丽·斯坦利不仅将自己改投罗马天主教的事秘而不宣，而且，她还带来了津塞尔市女修道院院长弗朗西斯·布里奇曼。此人是爱尔兰修女，是一个典型的宗教"偏执狂"。她公开声称，她的使命是"纯宗教性质"的。她属下的15名爱尔兰修女，也都傲慢不可一世，声言不接受其他任何人的领导，唯独服从这位布里奇曼院长。

更有甚者，在斯坦利一行人当中，有9人其实是"贵妇人"，这些人毫无经验，甚至还有的人过去一直是饲养猪、牛等牲畜的杂役，另有20人只不过是做过"助理教士"，而不是护理伤病员。因此，这个护士队的组建从根本上违背了原来的约定。

鉴于这种情况，权利遭受侵害的一方不得不采取对策。

12月15日，布里基先生便率先在岸边"恭候"。她们的船，在君士坦丁堡港口刚靠岸。还没有来得及下船，布里基先生就立即登船，好言好语地劝她们不要上岸。

布里基先生把理由交代得清清楚楚，因为斯卡特里已经没有插足之地，现有的铺位都已经被伤病员挤得满满的，甚至有的不得不躺在露天地面上。而且，食品、饮用水、燃料等都极端匮乏。军队医院的人，也对她们的到来感到大惑不解。高级医官库明也拒绝担任她们的医护顾问，并明确声明拒绝录用这些"女士"。

这样一来，斯坦利等人便陷入了进退两难的境地。英国大使馆只好腾出一套房间，先让这一行人暂住几天，并安排她们尽快返回英国。当时，南丁格尔在盛怒之下，也和别人一样，拒绝承担任何责任。

　　暂住在大使馆的几天里，斯坦利等人的生活非常拮据。由于这一行人在来的路上不知节俭，胡乱花费，结果，一路下来将出发时携带的 1500 英镑费用几乎挥霍殆尽，到达君士坦丁堡时已经身无分文了。

　　知道这个情况后出于同情和好心，南丁格尔只好从她的个人收入中拿出 400 英镑借给玛丽·斯坦利，她也很勉强地接受了。

　　尽管南丁格尔感到左右为难，甚至曾想过罢手不干，但她很快就清醒了。她不想因为一时冲动，而使这项意义非凡的事业半途而废。同时，她也想到若是按照众人的意见，马上就将这一行人送返回国，恐怕并不是解决问题的办法，因为这必然会出现难以澄清的误解。这种误解可能带来意想不到的后果。这对她的事业也可能产生无法挽回的损失。

　　所以，12 月 24 日，为了弥合各方面的分歧，她提出一项折中的办法：录用一些新来的爱尔兰修女，把前一批成员中缺乏医护经验的修女替换回国。这样，既可不再增加医院中天主教修女的总人数，也符合高级医官库明拒绝增加修女的决定。

　　但是，这种妥协的姿态并没有起效，并立即引起了争吵和反驳。一方面，被遣回的修女们集体声明，说她们根本不愿意回国；另一方面，布里奇曼院长则不同意她的修女们脱离她的领导，单独进入战地医院。

　　布里奇曼院长说："这样做将违反教规。"她声言她们必须有自己的耶稣会随军牧师，而拒不参与当地神父主持的宗教仪式。南丁格尔白天在医院各处奔忙，经常亲自跪在地上给伤兵换药、疗伤，一连工作 8 个小时后，晚间还要煞费口舌地同玛丽·斯坦利和布里奇曼院长进行交涉。这位布里奇曼院长口若悬河，嗓门儿又大，南丁格尔称她为"可敬的刻薄妇"。

　　与此同时，英军前线总司令官拉格伦勋爵提议，把护士队伍迁往

新建的巴拉克拉瓦医院。

南丁格尔知道，那所医院极为混乱和肮脏，而且，护理人员的纪律性很差，但她还是答应了下来，派遣11名志愿者前往巴拉克拉瓦，其中，有些人是斯坦利的"部下"。这11个人一律交由塞洛蒂修女会统一管理。所以，玛丽·斯坦利一行人基本上就被四分五裂了。

此时，玛丽·斯坦利面对恶劣的工作环境，早已失去了最初的热情，极为失望和沮丧。其实早在此前一段时间，她对这所污秽不堪、生满害虫的战地医院，就已经丧失了兴趣。

有一天，她早晨醒来时，惊恐地发现自己的身上，竟然也有不少饥肠辘辘的跳蚤时，不禁失声尖叫起来。

1855年1月底，当局准备把寇拉里地区的骑兵兵营改成战地医院，以便用来收治更多的伤病员。玛丽·斯坦利为了争抢功劳，决定独自承担此事，并完全按照她个人的意见来管理这所医院。她并未请示库明爵士和有关方面的意见，便率领她的"夫人"们、一部分护士，以及10名修女，急匆匆地赶赴寇拉里兵营医院。

在那里，她的管理方法完全是家长式的，凡体力工作都要分派给"杂役女工"去做，其他人员就相对轻松得多，只负责发号施令，这让其他女工愤愤不平。而且，她们都未按规定穿统一的制服，在着装上很不规范。

她们开始工作的第二天，300名伤员就送来了。当天夜里，玛丽·斯坦利巡视了各个病房。初次尝试到这种工作的艰辛，她清楚地感到，自己经受不住这样的劳累。

几周的时间过后，随着伤员的数量越来越多，玛丽·斯坦利痛苦万分，她再次歇斯底里地大叫起来。她觉得，这简直就是最大的梦魇。在她拙劣的管理和领导下，不久，伤员死亡率更是不断上升，甚至打破了克里米亚战区各战地医院死亡率的最高纪录。

刚到3月，饱受指责的玛丽·斯坦利就再也待不下去了，竟收拾

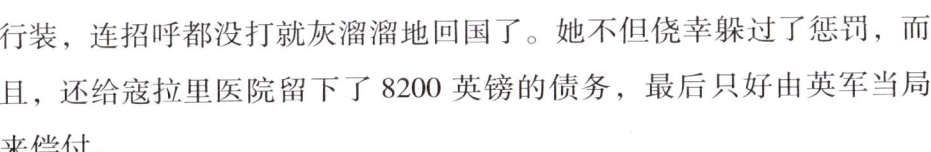

行装，连招呼都没打就灰溜溜地回国了。她不但侥幸躲过了惩罚，而且，还给寇拉里医院留下了8200英镑的债务，最后只好由英军当局来偿付。

3月的第二个星期，南丁格尔终于收到了史得尼·赫伯特的回信。他在信中向她承认错误，请她原谅自己没同她协商，就自作主张，下达了不合时宜的任命，并请求她不要考虑辞职。同时，他还授权她安排斯坦利一行返航回国，因为此时赫伯特并不知道，玛丽·斯坦利此时正在"归国"的路上。

赫伯特的信写得很中肯，南丁格尔很是感动，从此，她再未提及赫伯特给她造成困难的这段往事。在最关键而又最困难的时刻，南丁格尔一直咬牙坚持，而维多利亚女王的大力支持，自然也是雪中送炭。

在1854年12月6日，女王曾写信给史得尼·赫伯特：

> 我很想知道战区的真实情况，你应当及时派人调查清楚。同时，我渴望了解南丁格尔女士的处境：她是否需要我的帮助，是否可以让我看看南丁格尔递交给赫伯特夫人的账目。我知道，她在统计数字方面不但具有天赋，而且总是一丝不苟，从她的账目上，必然可以获得第一手的资料。
>
> 多少天来，尽管我接见过许多军官，了解了战场情况，但是，我并不确切地知道伤病员的详情。我希望南丁格尔和那些女士们，能够告诉那些可怜而又勇敢的伤病员们，没有人比女王更关心他们，更能感受到他们的苦难，更敬佩他们的勇气和英雄行为。

12月14日，女王给前线战士送来慰劳品，同时给南丁格尔本人写来一封信。在信中，女王向她征询意见，请她提供指教。女王谦虚而真诚地询问她这样的问题：作为英国女王，她本人应当"如何表彰她的伤病员所表现出的英勇和牺牲精神"？

恰逢此时南丁格尔正在请教史得尼·赫伯特更改规章。当时的规定是，病员即使是因公务患病住院，每日也要扣除 9 便士津贴作为住院医疗费，而伤员只扣 4 个半便士。很显然，这种"差别待遇"并不是合理的做法。

南丁格尔便回信给女王，请求她对病员和伤员一视同仁。女王对她的建议很欣赏，很快便批准了这一要求。

1855 年 2 月 1 日，女王便正式宣布：从阿尔玛战役起，伤病员的津贴规定一律按新的规章办理。

锲而不舍地付出

抱怨是无济于事的，我们必须省下体力，不浪费在无益的生气、责备与不切实际的希望上，只有行动起来才会有结果。

——南丁格尔

大刀阔斧的改革

1855 年 1 月，塞瓦斯托波尔英军所受的痛苦，可以说已经到达了顶点，救援物资却依然送不到前线。这到底是什么原因呢？后来，罗巴古委员会也曾提出质询，那些送出去的大量防寒衣服、食物、医疗品，到底是在何处中断的呢？这个答案至今仍是个谜。

不过，据南丁格尔说，在那段士兵苦撑的时间里，这些物资应该可以收到，只是因为"军方规则"的重重限制才导致物资的中断。这样的说法是有根据的。

1855 年 1 月，塞瓦斯托波尔的英军正被坏血病侵袭。然而，装着满船的新鲜菜以运送目标不明而被丢弃在港口。另外，在港口还囤积着为 17.3 万人配额的茶叶和咖啡豆，及后来到达的 20000 磅苏打水，直至 2 月份都迟迟不见分配，理由却是在每天分配食物的单子上并没有茶和苏打水！

前一年的 12 月底，本来有 1/3 的士兵可以领到一条毯子过冬，但这些士兵们有的因为在战斗中奉上司命令丢掉毯子，有的因为在暴风雨中失落了毯子，所以他们已经没有毯子了。正因为如此，依照"以旧换新"的规定，他们失去了换领新毯子的权利！

在这段时期中，英军在塞瓦斯托波尔前线只有 11000 名兵员，而在各战地医院中的伤病员已高达 12000 人。

"灾难，真是灾难史上空前的灾难。"南丁格尔后来写道。

南丁格尔在这种时刻，已经成为众人所倚靠的人，同时也是供应物资的调配官，她写信告诉赫伯特：

"照顾病人的工作，反倒是我许多非做不可的工作中最轻松的！"

一个有杰出管理才能的领导者形象，活跃在斯卡特里的野战医院里。南丁格尔遇事沉着冷静、果断、有才干，大家对她抱以"女神"般的尊敬。

士兵们说："如果由南丁格尔小姐做司令官带领我们的话，下个星期，我们一定会把塞瓦斯托波尔攻下来！"

就连医师们也开始完全地信赖南丁格尔，一名士兵在家书中写道："南丁格尔小姐是拥有绝对权力的女王！"

权威，除合法意义外必须诞生在众人的推崇中。南丁格尔在自己尽心尽责的工作中，尽量以减轻伤病员的痛苦和提高医院的医疗护理效率为准则，故而获得了众人的推崇。

一名女性，受到这样的欢迎，实为战争史上的奇迹。

南丁格尔在繁忙的工作当中，还给相关人士写信或者寄送有关报告。她给赫伯特写了30多封长长的信，内容都是如何改善军队及医院的现状，具体入微地举出许多提案，也有许多不能为外人所明了的苦恼和争论……很多类似的长信和亲笔所写的公文，都是在临时医院那种恶劣的环境下及繁忙的工作之余写的。

有时候，一个晚上她可以写出一本手册般的长信，对于广泛的问题都能有缜密的思考并且不会遗漏任何一项重要的事情。她的精力与善于利用时间，总是令人诧异得难以相信！

在很多信件里面，总是塞满了她个人关于健全和改进军队"现行制度"的意见和建议。提议中都是有关医疗看护部队的创设、士兵食物的调理及分配方式的反思及改善，还有在斯卡特里设立医护学校的计划等，同时也强调医学上临床统计的重要性。

由于完全是第一手资料，所以可信度非常高。正因为如此，她所列举的事实和数字，经常被赫伯特和其他大臣们在内阁辩论中广泛引用。不仅如此，实际上在克里米亚战争期间，英军的重大改革措施，都参考或者吸取了南丁格尔的意见和建议，都是以她的不少建议为依据的。

经过大家的努力工作，战地医院的条件逐步得到改善，病房、厕所都比较清洁了，也有了充足的食品，膳食也有了进步。虽然如此，仍有不少恶劣的情况存在，伤病员的死亡人数还是居高不下，再加上第二次的不幸汹涌袭来！

12月底，亚洲霍乱、饥馑热开始侵袭这个地区，到了次年1月中旬，更加肆虐横行。3周之内，许多外科医生和护士都因此而丧生。包括4名军医、3名护士和军需长"可怜的老沃尔德"及其老妻。而那些来视察的将官也都避之唯恐不及，大家都陷入束手无策的焦虑状态。

当时雨雪不止，气候条件的恶劣使所有的人感到情势严峻。终于雪停了，英军的野营阵地塞瓦斯托波尔也逐渐暖和起来，送往后方的伤病人数总算不再增加了。

然而，临时医院里的死亡人数却在继续增加着。英军士兵们用自己的双手埋葬着同伴。那凄惨的景象令所有在场的人都感到万分的悲伤。

有一天，南丁格尔看到在一辆土耳其人的运粪车上堆满了她误认为是动物内脏的东西，再仔细一看她不禁感到恶心，原来，那其实是一丝不挂的英国士兵狼藉的尸体。这些不幸的士兵，是死于亚洲型霍乱。

她吃惊地看到土耳其人挖了一个很浅的方形土坑，几乎是用脚把尸体踹进了坑里，在差不多与坑口平齐后再覆盖上泥土，用力地跺上两脚，将其踏平就拍拍屁股走人了。

这种草率而野蛮的处理自己同胞尸骨的做法，让南丁格尔非常愤怒。同时，在英国本土的民众也异常愤怒。从1854年至1855年的严冬，通过新闻报道，大家都知道了那些在前线的官兵是如何英勇地战斗，但是战死官兵的遗体却得不到应有的尊重，使本土人民的怨怒与屈辱感在瞬间沸腾起来。

1855 年的 1 月 26 日，激进派议员罗巴古提出建议，针对塞瓦斯托波尔的战地现状，调查负责补给的政府各部局，为此设立罗巴古委员会专司其职。这件事显示出民众对政府的不信任，也导致史得尼·赫伯特离开政界。

但是，南丁格尔的地位并未因此而削弱。新首相帕默斯顿勋爵是南丁格尔的老朋友。新首相经常将她的提议和报告呈给女王。赫伯特虽然辞去了陆军部的职位，但他告诉南丁格尔，为了英军，他自己的工作将永不停息，这是他的责任，而南丁格尔也如往常一样，写信和赫伯特沟通意见。赫伯特也不时将南丁格尔的提案转达当局，继续他们之间合作的计划。

之后，潘穆尔勋爵继任陆军大臣，奉命听取南丁格尔小姐的意见并认真考虑她的要求。2 月的下旬，潘穆尔勋爵派出一个卫生考察团，调查前方医院和战地营房的卫生状况。正如南丁格尔小姐后来所记述的："这个代表团拯救了英国军队。"

他们发现的问题令人发指。代表团报告中描述野战医院卫生条件之差，所用的措辞是"简直是谋杀"。

首先，在战地医院，这座庞大建筑物地下的排水管道，修建得非常糟糕，而且已年久失修，导致下面的污水经常堵塞，几乎毫无用处，而且负担过重。在外表堂皇的建筑物的周围，是臭气熏天的阴沟，这些建筑物就处在阴沟"海洋"的包围中。灰泥大面积脱落，千疮百孔的围墙有半截被浸泡在海水中。

另外，从数不清的露天厕所那里散发出一股股腥臭气直扑附近的病房。这种臭气是看不见的"隐形杀手"。护士们发现有些铺位出奇的危险，病员一睡到这些铺位上不久就会死掉。后来才发现，这类铺位都是离厕所最近，空气最污浊的。供水不仅不足，而且污染严重。

检查团让人把医院的供水管道打开，发现水筐子上卧着一具死马的尸骨。检查团立即组织人手清理医院的环境，清除的垃圾竟有556车，还有26具死牲畜。阴沟全部冲洗干净，墙壁重新粉刷以杜绝害虫。固定在墙上的椅、柜都拆了下来，以免躲藏老鼠。这些措施立即见效之后死亡率开始下降。

克里米亚半岛的春天来得很猛，塞瓦斯托波尔外面，荒寂的高原沐浴在春天的阳光里。原野上铺满了番红花与风信子。伤病员的口粮改善了。侥幸地度过了1854年这个可怕的冬季的幸存者们，打破了长久的、难堪的沉寂，重新又笑骂起来。

危机渡过了。随着危机的渡过，反对南丁格尔的新浪潮又开始了。而事实是，死亡率一度下降至2.2%。

"提灯天使"的魅力

到了 1855 年春天，南丁格尔已经筋疲力尽而且身体十分衰弱。她本来就是个娇弱女子，如今又在一个叫人不堪忍受的环境里日夜忙碌，这严重损害了她的健康。每逢有成批的伤病员送到医院，她就开始投入忘我的工作，有时甚至不得不几天几夜忙碌不停地工作。

奥斯本神父曾经这样描述过她：

> 不少医生因为传染病，不敢靠近受伤的士兵，但是，她却对传染病全然不顾。通常，越是在那些病情严重的病人那里，尤其是在垂危病人的床前，就越能见到她瘦弱的身影。
>
> 她总是精心照料、安抚那些不幸的人，经常找他们聊天，甚至说着轻松的玩笑，以自己的乐观态度，鼓励病人振作起来。她像真正的亲人那样，悉心地陪伴着他们，常常守候到病人生命的最后一刻。

南丁格尔自己也计算过，仅仅一个冬天，她抚慰、送别过的死者，就不下 2000 人，最严重的病人都由她自己亲自看护。

有个护士，曾经这样描述她陪同南丁格尔巡夜的情景：

> 在夜幕降临时，我们缓步向前走着，我的内心，有时不免有些忐忑，我知道和平时一样，我们又将面对那些随时到来的伤员的死亡。
>
> 但是，她却始终非常平静，在她的脸上，只有平静、坚

毅的神情……我和她一道，向那夜幕下的病房走去，在我看来，越是接近病房，就越发像是踏上了一条永无止境的路。周围安静极了，偶尔听到一两声呻吟或呼喊。

医院周围，到处是昏暗的灯光，像鬼火一样。就在这鬼火当中，南丁格尔端着她的油灯，悄悄地走进病房里。她总是先把油灯放好，然后，轻轻俯下身，察看病人的情况。有时候，还要耐心地把士兵们裸露的胳膊放进被子里；哪个受伤或者生病的士兵说自己渴了，她就拿起水壶，帮他把水倒进杯子里，然后亲手递给他；对于动作不便的士兵，她还亲自把水喂给他，就像母亲照顾生病的孩子一样……

我真敬慕她对病人的态度，永远是那么和蔼，那么体贴，那么耐心。

在士兵们当中，南丁格尔的影响非同一般。她可以让"顽固不化"的病人学习戒酒，鼓励他们忍受手术的疼痛；或者抽出时间，向士兵口授，给他们的妻子和父母写信。

一个老兵说道："她实在太好了，当你感到痛苦时，她会握住你的手，说上很多温暖、体贴的话；当你情绪低落时，她会想方设法使你高兴起来。"

另一个士兵说："当她跟我们讲话时，特别是当一个病人伤心痛苦时，她的活力和风趣总能给人带来极大的安慰。"

外科医生对她能使接

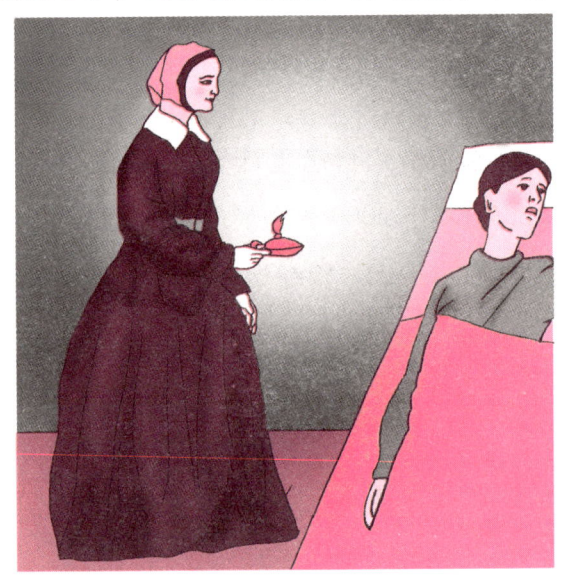

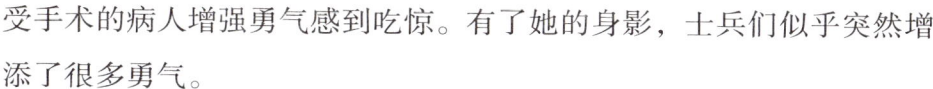
受手术的病人增强勇气感到吃惊。有了她的身影，士兵们似乎突然增添了很多勇气。

在可怕的沾满血迹的手术室里，人们可以感受到她在战士中的巨大"魅力"。也许某些受伤的士兵宁愿就此死去，也不愿接受医生的手术刀。不过，只要有她在场就可以得到一种莫大的支持，他们就会顺从，就会承受手术带来的痛苦。

还有的士兵在给家人的信中特别提到南丁格尔，例如，"每次，当见到她提着那盏熟悉的提灯从眼前走过时，心中总会感到舒畅。对于我们很多士兵来说，她简直就是暗夜里的灯火。她会含笑问候我们，向所有的伤兵们点头示好，脸上总是充满宁静而专注的神情。这样的神情，让士兵们感到振作和陶醉。

"当然，成百上千个人都躺在那里，她不可能照料到每个人，不过，只要目送她从眼前走过，即便是亲吻她的身影，我们也会感到心满意足！"

士兵们私下里把她称为"提灯天使"。南丁格尔手持油灯，每天傍晚巡视病房的身影，成了他们津津乐道的话题，成了他们心中一道永远的光辉。

在她到来之前，到处是胡言乱语和咒骂之声，由于她的关系，战士们再也不乱讲脏话了，医院变得安静了许多，安静得有点儿像神圣的教堂。

繁重的工作足以把任何普通女人压垮，但是，南丁格尔始终咬牙坚持。她认为，"这些只不过是我个人职责中很小的一部分"。

白天，她就在这里处理各种问题。她还要抽空登记、发放物品，做好记录，因为没有人适合做她的秘书，所有的申请、命令、公文、报告、记录和大量信件，都是她亲自执笔。

到了冬天，天气特别冷。有时候，强烈的飓风吹得窗户"呼呼"作响。在房间里，呼出的气体都凝成了白雾，墙壁上也挂满了冰霜，而她却并不在意，还是一刻不停地进行工作。值班的军医和护士看到，她的室内灯光经常彻夜不熄。

她详细记下士兵死亡的情形与遗言，为他们送回故乡，还把丈夫不变的爱情传送给他们的妻子，也让这些士兵的母亲知道，当他们死亡的时候，是紧握她的手去世的，并不孤单。她也常为那些在故乡有孩子的护士写信，给赫伯特陆军长官的信和报告更是从未间断过，也时时反映大家的意见和要求。

因此，她有处理不完的文件，地上、床上、椅子上，到处都是。南丁格尔时常因为太疲倦，只好和衣而睡。

曾经有一个隶属于第三十九军的士兵的妻子，已有好几个星期不曾收到丈夫的来信，因此她写信向战地医院询问，3个星期后，她收到了南丁格尔的回信。

亲爱的劳伦斯女士：

对于你的来信，我不得不抱着沉重的心情告诉你一件不幸的消息。去年是可怕的一年，在医院里100名伤兵中间，就有42名丧失性命，许多妇人失去了丈夫。

我实在难以启齿地要告诉你，你的先生就是这42位中的一位。1855年2月20日，你的先生在此病逝，因为当时赤痢和热病所造成的死亡率达到最高点。这一天，包括你的先生在内，我们一共失去了80位病人。

为了不至于产生错误和避免同名同姓的困扰，我特地写信到你先生以前所属的陆军部队查询，来信证实，你的丈夫确实光荣牺牲。

我之所以迟迟没有给你答复，就是为了等候上校的来信，现在我附上他的来函与附件。你先生留下了1英镑2先令4便士的遗产，这些钱当然归你所有。我在1855年9月

15 日已将这笔款项存入陆军大臣处，你可以前去领取。

因你一直不知道丈夫已光荣牺牲，所以没有收到未亡家属的津贴，希望你尽快向伦敦西敏寺布雷特乔治街 16A 的爱国基金部名誉书记 KA 陆军中校洛夫办理申请。

现在我附上申请书一份，以及陆军上校所寄来的死亡证明书，以便你申请子女补助金。如果你不知道表格正确的填法，可以请教区牧师，他会乐意为你服务。对于你的遭遇，我内心感到十分的难过与同情。万一你无法在爱国基金部顺利办理申请手续，可以用这封信作证明。

请你节哀！

你真诚的朋友南丁格尔

为了给士兵提供一流的护理，南丁格尔可以不遗余力，毫不顾惜自己的身体。在这里真正使她感到艰难的是她不得不应付护理工作以外的很多人为的麻烦。例如，她不得不经常同一些既不正派，又无教养，既无事业心，又无同情心的人打交道。这些人唯一关心的，就是如何避重就轻，如何逃避责任。约翰·霍尔博士就是这样一个人。

约翰·霍尔博士是英国东方远征军的医务总监。他自 1854 年秋天起，就一直住在克里米亚。他的权力很大，连斯卡特里的战地医院都由他管辖，他对医院的管理从不放手，前线流传着他的一桩丑闻：他曾动用酷刑拷打一名士兵，最后致其死亡。但不知什么原因，他竟然逃过了军事惩罚。

在人们的印象中，霍尔博士一贯铁石心肠，是一位过分严厉而无情的人。在当时，氯仿是麻醉剂的主要原料，而他竟然声称自己并不相信氯仿，即便在士兵们需要截肢的时候，他也曾经一度下达命令，严禁下属的军医使用这种麻醉剂，于是，很多人暗地里叫他"屠夫"。

南丁格尔率领的护士队来到之前，霍尔博士就已经表现出他的

"劣根性"，因为他撒了一次弥天大谎。原来，他曾经受总司令拉格伦勋爵的委托，负责察看斯卡特里的战地医院，并要求向勋爵作出如实的汇报。

事实上，他察看完毕后出于不为人知的居心或者玩忽职守，竟然不负责任地汇报说，整个医院设备完善，无一缺少。既然公开作了这样一个声明，他就得承担责任，下属们也随声附和，为他开脱一切责任。

战地总司令拉格伦勋爵很久以来一直被蒙在鼓里，史得尼·赫伯特也是在接到南丁格尔的报告之后，才知道了事情的真相。

赫伯特写信给拉格伦勋爵："这使我感到，霍尔博士是为了掩饰自己对准备工作的疏忽和不负责任，才忌恨前来协助他工作的人。"

1855 年春，霍尔博士气得发疯，政府派来一个检查团写了一份对他很不利的报告。更严重的是，拉格伦勋爵又对他严加谴责。忖度形势后，他认为维护自己权威的关键时刻要到来了。

但霍尔博士知道如何让别人为他卖命。他新近任命代替孟席斯爵士的高级医师洛森爵士，就是这样的人选。后者和他是一丘之貉。洛森爵士不久前刚刚干过一件坏事：由于虐待运输船上的伤病员，他刚刚受过拉格伦勋爵的处分。但是，令人气愤的是，由于霍尔博士的包庇，他不但没有被赶出军队，反而被调到新的地方，继续为非作歹。

洛森爵士早就臭名昭著。因此，南丁格尔对于任命洛森担任战地医院高级医官感到无比憎恨。这么长时间以来，她已经确切地知道，这位洛森爵士实在不是什么简单人物，他是当时军医部门腐朽作风的化身。恰恰霍尔博士又是个结党营私的家伙，做事专断而霸道，两个人勾结在一起，其结果可想而知。

果然，洛森爵士来到斯卡特里后专横放肆的本性就暴露无遗，战地医院里立即笼罩了一层恐怖的气氛，一时间人人自危。医生们慑于洛森的淫威，只好忍气吞声，而胆小的人甚至开始疏远南丁格尔，以此取悦洛森。不少人又恢复到原来的工作方式中，从而使得工作效率大大降低。

但即使发生了这样的情况，总体说来，由于南丁格尔前期作出的巨大努力，医院的工作依旧取得了成效：医院的伤病员死亡率不断下降，到 4 月 7 日已下降至 14.5％，到 5 月 19 日时又降至 5.2％！

在从伦敦请来的著名厨师阿列克斯·索亚的指导下，医院的膳食也发生了奇迹般的变化。这位厨师是 3 月间到达斯卡特里的，在南丁格尔的记忆里，他的样子既滑稽又可爱，很像一个喜剧演员。南丁格尔很欣赏他的烹调手艺，两个人彼此都很尊敬对方，并很快成为关系要好的朋友。

在南丁格尔眼里，索亚和这里的很多厨师有着显著的不同。有的厨师从事烹调，是为了私下里可以大吃大喝，事实上，他们也是这样做的；有的是为了显示自己的"才华"，实际上，却不过是个普通的厨师而已。只有索亚自从来到这里以后，就展示出他一流的厨艺和敬业的精神。

索亚唯一的目的，就是为大家做出有营养、经济而又实惠的饭菜。他在潘穆尔勋爵的授权之下，经常巡查各处的伙房，提出相应的改进意见和建议，并帮助整顿、改进医院的伙食供应，每当索亚用大盖碗端着他做好的美味汤走进病房时，伤员们总是向他欢呼，毕竟，这在以前是没有过的事情。

战地医院逐步走上正轨以后，南丁格尔决定去巴拉克拉瓦，为那里提供力所能及的帮助。也就在此时，南丁格尔才得知，自己的权力是受到限制的。

因为明文规定，她是"驻土耳其英国野战医院妇女护士队"队长。而巴拉克拉瓦在其权限之外，此前前往那儿的护士又因受霍尔博士的怂恿，对她公然反抗，情势更加不利了。

美名传千里

1855 年 5 月 5 日，南丁格尔与 4 名护士、厨师索亚和另一名法国厨师，连同 420 名病愈返回前线的伤兵，渡过黑海到达克里米亚的巴拉克拉瓦。第二天，她开始了对两座医院的巡察。

虽然同样是在政府卫生考察后的改进期间，但这两所医院的环境仍相当脏乱，军医工作疲沓，护士们的工作也不得力。因为受到霍尔博士等人的恶意挑唆，南丁格尔所到之处看到的仿佛都是充满敌意的眼光，甚至受到蛮横无理的对待。

南丁格尔装作什么都没看见，她都忍在心里，因为她有更重要的事情要做。她决定先从改善重症伤病士兵的饮食入手，争取先在两座医院各建一个专门调配特殊饮食的厨房。

但是，南丁格尔甚至还没来得及做什么就病倒了，她得了克里米亚热病。这是一种死亡率很高的地方流行病，不得已只好住进了"城堡医院"。

在随后的两个星期中，南丁格尔高烧、昏迷、呓语不断，在死亡线上徘徊。天气奇热，她的病情久久不见缓解，汗水穿过她美丽的长发，浸湿了一大片枕巾，人们只好把她的头发全部剃光。

5 月底，南丁格尔总算脱离了险境，被士兵们护送回斯卡特里，但不许她回医院，强迫她住进一个因病回国的牧师家中，以方便调养。这是拉格伦总司令的命令，任何人都得遵从，南丁格尔也只好接受了。

7 月底，南丁格尔基本痊愈了。她取下了头巾，刚刚长出的卷曲短发，使她的模样显得稚气而动人。给她治疗的医生告诉她，这场热病来得正是时候，它救了南丁格尔的命，因为患病才可能迫使她好好休息一段时间。

紧接着，与南丁格尔共经忧患、屈辱和磨难的弗罗斯·布里基夫妇也因为国内的急事要回国。

7月底，南丁格尔送走了布里基夫妇，便搬回医院里的那个小房间。空出来的牧师寓所成了"别墅"，供她的护士们轮流去短暂休假。

但医院的形势却发生了变化。在洛森博士的指使下，医院当局不欢迎她回来。他们认为现在一切就绪，用不着再听她的意见了。一旦形势有所好转，人们的惰性又占了上风，他们宁肯没有她在身边督促而自在些。离开将近3个月，她的护士队员也出现了问题！她们有的染上了酒瘾，有的开始谈恋爱。

更严重的打击还在后面。

布里基夫人原先兼管保管礼品的储藏室，这些礼品都是英国国内各地民众捐赠给前线官兵以及护士队的，有贵重的物品，也有酒、衣服等日用品。布里基夫妇回国后，南丁格尔另聘了一位索尔兹伯里女士管理。谁知这位索尔兹伯里女士不守规矩，一拿到钥匙就监守自盗。军方根据可靠线索搜查了这位女士的房间，竟发现她的箱子、柜子里，甚至每一条墙缝都塞满了盗来的赃物。

出了这样的事情，南丁格尔只好把新上任的前线总司令斯托克将军找来共同处理。面对大量确凿的物证，索尔兹伯里女士先是赖在地上又哭又闹，继而又苦苦求饶，央求南丁格尔小姐千万不要控告她，她愿意立刻回国。

南丁格尔也不愿过分严厉地惩罚她，和斯托克将军商量后决定，对索尔兹伯里女士免予处罚，放她回国。谁知，这位索尔兹伯里女士是个蛇蝎心肠的妇人，一回到英国她立即大造谣言，谎说她在斯卡特里医院受到了虐待、迫害，并反咬一口，诬指南丁格尔扣压礼品。主持陆军部日常工作的副大臣蒙斯先生对此信以为真，因为他不认识南丁格尔，还以非常严肃认真的态度来对待这件事。

不久，南丁格尔和斯托克将军同时收到一封军方的公文，责令他们澄清自己的有关行为，并通知他们，伦敦军方将严肃调查他们的"严重的贪污、迫害、渎职"问题！一时间，南丁格尔的声誉受到很大损害，她的处境极为艰难。

伦敦军方一介入此事，南丁格尔全家觉得必须有人去守护在南丁格尔的身边。为此，玛伊姑妈于9月16日专程赶到斯卡特里。

但南丁格尔没有畏惧、没有退缩，她那看似柔弱的肩膀，默默地承受起了常人所不能承受的压力。她知道，那些人无非是想把她从前线撵走，而她绝不会让他们可耻的阴谋得逞。

但与极少数卑劣的恶意中伤者和嫉贤妒能的官僚相反，前线官兵们对南丁格尔满怀感激、敬佩、爱戴之情。当南丁格尔病愈后返回到克里米亚时，消息如野火般迅速传开，士兵们跑出帐篷，满山遍野围聚而来，雷鸣般的欢呼声在山谷里久久轰响回荡。南丁格尔"被迫"坐在高处，以便官兵们都能"瞻仰"到她的风采。

那时候，南丁格尔身染重病的消息传开后，几乎整个克里米亚战区都陷入了焦虑与不安中。那些战场上的士兵，还有各个野战医院的伤病员与护士，有的泪流满面，有的跪地祈祷，大家都祈求上帝降福于她，让她早日康复。

南丁格尔被转送回斯卡特里医院时，数百名驻扎在附近的士兵到码头为她送行，两名士兵抬着担架上裹着头巾、病容憔悴的白衣天使，许多人跟着担架行进，大家的眼眶里噙满了泪水。

拉格伦总司令也拖着自己病重的身体亲自去看望她。

南丁格尔患病的消息传到英国本土后，立即引起了全国的震撼，各地各阶层的人民都为她的健康日夜忧心。因为前线寄回的士兵家信以及因伤残、病重等陆续回国的士兵与军官，早已把南丁格尔的英名和事迹传播到边远的村庄、小镇和城市的各个角落。

伦敦社交界名人、英国众议院议员、曾参加前方卫生考察团的史达夫在众议院对议员们发表谈话时说："当我在简陋的医院中看见南丁格尔后，我才领悟到古代圣人的威仪是怎么一回事！士兵们都深信，即使天塌地陷，所有人、所有事都与他们作对，南丁格尔小姐也永远不会背叛他们、抛弃他们。如果你当众向士兵们宣布，刚才天空中出现了一道裂缝，南丁格尔小姐即将登天为神，我相信没有一个人会感到惊讶或怀疑，因为这正是埋藏在人们心目中的南丁格尔的形象。"

在前线和国内，许多认识和不认识她的人，都诚恳地奉劝她回国长期休养，连她的主治医生也主张如此，但南丁格尔一再婉谢，态度十分坚定地拒绝了。她说："除非战乱完全停止，这里没有任何一位伤病员，否则我绝不能离开这里。"

她的这种决心和坚毅的言辞在国内各大报刊发表后，人们对她的钦佩与关切之情更加殷切而真挚了。当南丁格尔脱离危险期的消息用刚发明的电报传回国内后，人们兴奋地奔走相告。

维多利亚女王也深感欣慰，致信陆军大臣潘穆尔勋爵说："我听说伟大、高贵的南丁格尔小姐已脱离险境，为了这件事我必须向神圣的上帝致以最高的感谢。"

1855 年春天以后的一段时间，英国的报纸和新闻杂志上经常可以看到有关南丁格尔的报道和评论，或者歌颂她的诗篇，连大学的诗歌或散文征文比赛也以南丁格尔为主题，有些获奖诗歌还被配上音乐，作为最新的流行歌曲到处传唱。

人们是那样地热爱和敬佩南丁格尔，以至于有人把南丁格尔的肖像作为信纸的画面，有人用她的肖像做瓷器或高级丝绸绣品的图案，连南丁格尔一家位于里哈思特和恩普利的两处住宅风景，都成为各种日用品、纪念品的热选图像。当然，南丁格尔的肖像大都是凭空想象的产物，因为她从不喜欢向别人赠送自己的照片。

一时间，英国人对南丁格尔的推崇达到了狂热的程度，但南丁格尔对国内的这股热潮，感动之余又有些不快。

公众并不了解南丁格尔内心的想法，她也并非不欣赏人们的这些举动，而是怕这种行动会对护士队产生负面影响。但他们仍然"轰炸"邮局，络绎不绝地赶到恩普利和里哈思特，要求参观一下"南丁格尔小姐的书房"，抚摩一下她的书桌，请她的家人帮忙证实有关她的某个神奇的传说，或者请南丁格尔的家人、管家、邻居甚至她在家乡照顾过的病人回忆对南丁格尔的印象。

有人在报上提议召开专门向南丁格尔致意的民众会议，立即激起了热烈的反响。这一类会议立刻在全国各地召开了。在伦敦一次名人云集的这种会议上，人们决定送给南丁格尔一幅刻有感谢词的金匾，为此而在会场上募捐到的钱远远超出了需要，于是又推选出一个委员会成立了"南丁格尔基金会"，许多社会名流都是这个委员会的委员，这使南丁格尔的母亲樊妮欣喜异常。她写信给南丁格尔：

11月29日，是我一生最高兴的一天，我以身为你的母亲为荣！

虽然现在已是凌晨时分，可是我若不将这些感受告诉你，我无法安睡！

你知道吗？今天的集会有多感人、多美妙！这是我从未经历过的，都是因为你树立了良好的典范，也对日后世上千千万万的母亲产生鼓励！这真是个了不起的集会！

南丁格尔回信道：

如果显赫的声名和我为神以及为人类的工作能使您感到满足，那我也就满足了！我一味地工作，从不渴求社会的声望与地位，但如果这些东西能使您觉得快乐，那将是我最大

的欣慰！

今后，我会更加爱惜自己。南丁格尔将经常出现在人们的口中，而社会的情感，也将维系在女儿的身上，如果你们会因此感到喜悦，这不但是我所得到最好的酬劳，也是对你们所付出的一切所给予的补偿。

"南丁格尔基金会"成立的消息也在克里米亚战区的军队命令中公布了，只要捐助出一天的军饷，就可以参加这项基金。后来，除了霍尔博士之外，这个消息在军中引起了广泛的反响，士兵们一共募集了9000英镑的捐款。

基金会建立后，维多利亚女王为了"表示由衷的感谢之心"，特地赠送给南丁格尔一件礼物，并附了一封信。信的内容是这样的：

亲爱的南丁格尔小姐：

在充满血腥的战争里，你表现了基督徒崇高的牺牲精神。我内心的钦佩，相信聪明的你，应该很容易理解。

你的功劳比起勇敢的将士们，有过之而无不及。你以慈祥的双手，抚平了他们心灵和身体的创伤，对于这些伟大的贡献，我不知应当如何来致谢。我以一枚胸针作为君王感谢你的心意表征，请你佩戴并珍惜我的情感。这枚胸针的花色和形状，正足以表达我真诚的祝福，以及对你崇高事业的推崇。

将来，如果能和你这位为我们女性争光的人成为好友，必定是我最高兴的事。

我祈盼你身体健康，并接受我真诚的祝福。

维多利亚女王

1855 年 11 月

这枚御赐的胸针，是由女王殿下亲手设计的，不但富有创意、别致精巧，而且对南丁格尔具有特殊意义。胸针的表面是红色珐琅，上面有圣乔治的十字架，在十字架上又镶有一个钻石王冠，王冠内用金字雕刻着："怜恤别人的人有福了！"

背面则是金色丝带，上面有女王的题字："对献身服务、效忠女王的南丁格尔，致以最高敬意和谢忱。"

这是一个长 8 厘米、宽 6 厘米的胸针。当作饰物似乎稍嫌太大一点，但它是荣耀的象征。南丁格尔在战地佩戴过几次，但回国以后就不曾使用了。现在，这枚胸针已被陈列在伦敦的博物馆里。

同时，女王还赐予南丁格尔一枚镶有钻石皇冠的红珐琅圣乔治十字勋章，勋章上镌刻着：

表彰弗罗伦斯·南丁格尔小姐对女王英勇将士的精诚服务

R. 维多利亚赠　1855 年

从此，南丁格尔的美名上升到了一个高峰。

士兵们的保护神

面对众多的荣誉与赞扬，南丁格尔显得很沉静，她早已把功名利禄看得非常淡。她需要的不是这些东西，她只想对得起她身为人类一员的良心。

此时，她并不满足于已有的成绩。她已经给自己提出了一项新的任务：改革英国军队中普通士兵的管理制度和办法。自从进入克里米亚以后，她很早就萌生了这样的想法，而且觉得势在必行。

原因在于，她觉得自己的思想和情感已经同英国军队结下了不解之缘。她从军队生活中，发现了最使她感动的人类品格。她激动地看到，在很大意义上，普通士兵们同生共死、浴血奋战都是为了国家利益。他们是能够随时牺牲个人利益与生命的人。她强烈地渴望成为这些战士的保护人。

她认为，士兵们的忠诚与英勇不是拿金钱所能换取到的。他们骁勇善战，为救助战友不惜牺牲生命。他们对民族赤胆忠心，能够冒着敌人的炮火顽强挺进。对于这样的战士，难道我们的民族不应该给予他们最好的爱护和关心吗？

然而，就是这样的战士生活处境却极其恶劣。而且，他们所得到的津贴也少得可怜，有一段时期，他们每天甚至只能得到一个先令的生活补贴。

正是因为如此，在维多利亚女王曾表示要给士兵发放香水时，南丁格尔闻讯后，马上托人捎话给女王陛下，她说，在前线，若是发放杜松子酒和压缩饼干，可能更受欢迎。女王当即采纳了这一建议。

可见，南丁格尔是多么地热爱那些士兵，他们在她的心里，是那样勇敢、可爱。她把他们当成自己的孩子。她说过，她是独身女子，也没有自己的孩子，可是，她并不孤单，因为她觉得自己就是这些士兵的母亲。她希望为自己的孩子做得更多。

她在给芭兹的信中说：

不要以为他们只知道摆枪弄炮，他们是乐于接受教育的，他们珍惜一切学习机会。只要给士兵创造条件，使他们有机会学习更多的知识和文化，他们就会很好地利用它，并且通过系统的学习，迅速成长起来。

我亲眼看到，只要给他们开办学习班，进行课程辅导，举行讲座，他们总是很感兴趣，也会准时参加。即使有一天，他们从战场上下来，只要给他们工作，使他们各就其位，他们也会干得非常出色。

不要以为士兵们只会酗酒、打骂，只要给他们提供书籍，给他们安排娱乐活动，他们就会平静得让人惊奇。他们也会把酒瓶子远远地扔到一边。

在前线医院的日子，南丁格尔对士兵们有了更多的了解。她同士兵们一起生活得越久，接触得越多，就越能体会到，士兵们虽然勇敢无比，但同时也是孤立无援的。他们那样信赖她，不仅在负伤和生病时需要她，就是在康复以后，在战火停止的时候，他们也需要她的关心。

1855 年 5 月，为了使士兵受到教育，她经过反复努力，多次奔波，在克服重重困难之后，终于在前线医院里，为士兵们开设了一个小小的阅览室。士兵们趋之若鹜，军队当局本来对这类事很反对，他们认为不该"娇惯"士兵们，以为士兵若不酗酒，而是读起书来，就会变得更加难以管理，因而，他们曾经责怪南丁格尔"违反规章"。

但是，他们错了，事实上读书的士兵非但没有生事，而且行为更为规矩了。到了 1855 年夏天，斯托克将军担任前线军事指挥官，对于南丁格尔而言，他是一位志同道合的热忱的合作者。

他们像两颗耀眼的明星，相互辉映。他们精诚合作，从战地医院及其周围环境入手，全面进行检查和整顿。经过一段时间的努力，终于使那里的面貌焕然一新。他们致力于为士兵创造良好的娱乐和休息的生活环境。

除此之外，南丁格尔还认识到这些士兵一拿了薪水就去酗酒，而不愿寄回家，是因为士兵若要寄钱回家，必须经过主计官。但是主计官会把他们当傻瓜一样，把他们的钱骗走。所以，士兵们十分不满，对主计官也不信任，宁愿花钱喝酒，也不愿寄钱回家。

南丁格尔因此在每个礼拜抽出一个下午的时间在自己房里为那些想寄钱回乡的士兵服务，用汇票通过快信寄回他们的家。结果每个月大约有 1000 英镑的钱被寄回英国本土。

有些士兵在出院后，也希望通过邮局寄钱回家。南丁格尔为此曾向军队当局提出，却遭到拒绝，好在后来得到女王的帮助，前线各地的邮局才提供汇款的服务。结果，不到 6 个月，已有 76000 英镑被寄回家乡。南丁格尔说："这些钱全都是在酒店节省下来的。"

到 9 月份，南丁格尔他们为前线士兵筹办的大型军人俱乐部"英克尔曼咖啡馆"正式开始接待士兵了。后来，又在战地医院开设了第二个俱乐部，专供伤病员使用。

他们的成绩突飞猛进，截至 1856 年春，他们马不停蹄，共开办了 4 所军人俱乐部。这些俱乐部，成了士兵眼里的"伊甸园"。俱乐部有时举办讲座，特意请军事专家授课，每次来听讲座的人都很多，也十分踊跃。

有一次，南丁格尔惊讶地看到，教室里根本容纳不下那么多的人，无奈之下士兵们只好把教室的门卸下来，让室外的人也能听到。

在南丁格尔等人的努力下，士兵歌咏队也成立起来了。士兵们还又在此基础上自行组成了一个小剧团，经常表演各种自编自演的节目。在俱乐部里，身体健康的人可以踢足球，或进行其他体育活动，伤病员则对多米诺骨牌和棋类较为喜欢。

总之，在1855～1856年这个时期，如同芝麻开花一般，斯卡特里战地医院的管理水平日益提高。这些变化，都是很了不起的成绩，从此被载入了英军史册，南丁格尔自然功不可没。

经过两年的努力，英国士兵的素质也有了相当大的提高，以往那种酒气熏天、野蛮倔强的形象一去不复返了，这是让南丁格尔深感欣慰的事情。这种成就是靠不懈的奋斗取得的。南丁格尔为此付出了大量心血，这严重削弱了她的健康。英军驻土耳其长官的妻子霍恩毕女士，在一次圣诞晚会上见到南丁格尔的样子，着实吃了一惊。霍恩毕女士写道：

> 我已经好几个月没看见她了。当然，也仅仅是几个月的时间而已！当时，我看到她那消瘦的身影，看到她憔悴的样子，看到她那孩子气的前额梳成刘海的棕色短发时，我不禁目瞪口呆。她的新发型固然很可爱，可这样的发型，也证明不久前她曾发过高烧。
>
> 那天，她身着黑色的衣服，显得庄严肃穆。唯一的饰物，就是那枚镶嵌着宝石的胸针。像是一面军旗，为了掩饰那顶皱巴巴的白帽子，她系了一条绉纱头巾，只能看到花边的边缘……
>
> 她很虚弱，不能参加活动，这使她看上去略显孤单。不过，这种感觉可能并不准确，因为当时她坐在沙发上观看别人的表演，偶尔会抿嘴轻笑，有时也哈哈大笑，笑得热泪盈眶！

但是，事情并不如表面那样简单。在其他方面，南丁格尔所作的一切努力，她所成就的某些劳动果实，还在遭受居心叵测者的破坏。而且，她还在遭受官方的恶意刁难。

在这些困难当中，最令她痛心疾首的事情，就是索尔兹女士的诬陷，以及由此带来的"物品案件"。她愤愤不已，但又毫无对策！为了"接受调查"，她曾一连几天，不得不全神贯注地起草致陆军部的报告，请他们不要听信一面之词，应当想方设法澄清全部事实真相。

南丁格尔曾说："一个人不管怎样努力，总会有不期待的变故降临到头上，从而使这种努力遭到破坏。但是，他还是不应当放弃努力。因为连这一点都丢弃了，那么，剩下的唯有失败。"

跟战争说永别

1856 年的新年才开始，南丁格尔的健康状况更加不好了。她患了耳疾、慢性喉头炎，又受到失眠的折磨，所以经常在寒冷的深夜，怀抱着挫败感在斗室中踱来踱去。

南丁格尔工作的情形，完全超出了一般人理解的程度。和她一起工作的玛侬姑妈说："我真不敢相信，她怎么能够不眠不休地处理那么多事情！"

饮食、气候、睡眠绝对不能妨碍南丁格尔的工作，即使是在酷寒的严冬，她也照样平静沉着、从容自若，一点儿也不受影响。但这毕竟只是她坚毅的外表，许多时候，一旦稍作歇息，她却往往疲惫得像是要晕倒一样。

1856 年 1 月，曾经负责军队物资补给实情的两个调查团，提出了最后的报告，确认了南丁格尔与史得尼·赫伯特的报告，即战争期间在塞瓦斯托波尔的英军所遭受物资支援不力的事情，原是可以避免的，但却由于军事当局的官僚推诿、漠不关心的作风，而造成灾害的事实。

这份报告十分公正客观，文中还提及了一些敷衍塞责的将官，并指责他们不负责任。当这份报告书被提出之后，终于引起了风暴似的回响。陆军部大臣在伦敦随即召开将官会议，给那些被列名指责的将官辩白的机会，而那些人为了洗脱罪名，也不择手段地开始活动。

结果在会议举行之后，新的将领授勋升迁被发布出来。陆军部军官本杰明，这位曾经千方百计想控诉南丁格尔的反对派，竟被授予芭兹勋位。霍尔爵士竟摇身一变，成了约翰·霍尔博士。他还在伦敦散发一份关于南丁格尔小姐的"秘密报告"。

这份报告系由克里米亚的军需官起草，内容尽是些对南丁格尔和她的护士们的莫须有的捏造和恶意诽谤。同时他们还大肆渲染索尔兹伯里女士编造的谎言。那位玛丽·斯坦利，这时则一面同南丁格尔小姐通信表示忠诚的友谊，一面又忙着四处散布谣言。布里奇曼院长和霍尔博士原来的心腹们又公开扬言，要把南丁格尔从克里米亚清除出去。

当南丁格尔得知，这些与她百般敌对的人一个个被授勋，而未被审判惩罚之后，内心燃起一股不平之火："公平正义的力量何在？"

"我亲眼所见所闻的灾害和不幸，叫我怎么能为这样的结局心平？而那些在泥水中死去的士兵们会怎么说？那些无辜遭难却牺牲自己的士兵们又会怎么说！叫我们如何咽得下这口气？"

南丁格尔小姐很早就给陆军部写了报告，向驻克里米亚的军事当局要求用电报重新确认她在东方远征军中的职权。但很长时间过去了，这个命令依然未到。

3月里，陆路运输团请她派遣10名护士前往巴拉克拉瓦协助工作，她一时竟惶惑起来，不知该如何是好。至于那位约翰·霍尔博士近来则有些反常。这次他一面否认与"秘密报告"有任何牵连，一面又假惺惺地写了一封殷勤的信给南丁格尔小姐，请她亲自带领护士前往医院。

南丁格尔小姐接受了，但对霍尔博士的好意她并未抱任何幻想。所以临行前，她嘱咐护士们把自己需要的一切用品全部带齐，包括粮食和炊具。

出发去巴拉克拉瓦那天，委任令刚好到达克里米亚。而且，重新确认的权限远远地超过了她的预想。

原来，这项委任令的由来还有一段不寻常的经历。还是在1855年10月，有位自称勒弗罗伊上校的人来过战地医院，先在斯卡特里，

后来又在克里米亚逗留了一段时间。此人原来是新任的陆军部大臣潘穆尔勋爵派来的密使，任务是查访战地医院的真实情况，然后直接向陆军部大臣作出负责任的报告。这位勒弗罗伊上校于2月回国了。

勒弗罗伊上校经过细致的查访后，对南丁格尔小姐牵涉的所谓"礼品案件"十分不平，并热心地催促早日公正地处理此案。

南丁格尔小姐本来只要求政府重新确认她原有的使命和委任，而勒弗罗伊在给政府提供的详细报告后则明确要求：在前线总司令颁发的日常命令上，除了总司令官签名外，也应当同时签署南丁格尔小姐的名字，每日发送到各驻地兵营、食堂张贴。这项提议果然被陆军采纳了，潘穆尔勋爵以陆军部大臣的名义向前线指挥官发了一道命令，并要求向全体官兵传达。

命令内容如下：

这份公文由陆军大臣直接发送给陆军司令官，希望视同一般命令被公布。经由这份电文，本大臣已正式肯定南丁格尔的地位，可是本地陆军当局似乎尚未完全理解，所以本大臣认为有必要让军医当局及全军人员知道，这位有优异表现的女士具有怎样的地位，并作适当的扼要的说明。

南丁格尔是在女王陛下的政府中，被认为是英国陆军医院女性护士队的最高指挥官，拥有最高的监督权。任何护士或修女在医院的职务及所属单位，如果未经她的许可，不得任意变更。不过，她所有的命令在施行之前，也必须要和军医总监取得协议，而军医总监对于一切有关女性护士队的事情，也都必须事先通知南丁格尔，所有有关的决议都必须经过南丁格尔小姐来下发命令。

南丁格尔非常激动。毕竟在克里米亚期间，她几度遭遇"冷箭"，但并没有倒下去，并且顽强地看到了最终的胜利。这个胜利，自然是正义对邪恶的胜利。这同时也是霍尔、斯坦利以及索尔兹伯里之流的彻底失败。

3月24日，南丁格尔和护士们冒着雪雨乘船到达巴拉克拉瓦。这一次她们不再受到冷眼与奚落，而是热烈的欢迎和积极的配合。

3月30日，英法联军与俄军全线停火，交战国政府开始和谈。

4月29日，巴黎和会落幕，宣布恢复和平。陆军大臣潘穆尔签署了前线部队启程回国的命令。

战争结束的消息一经传出，英国国民一片欢腾。潘穆尔勋爵在英国上院作了有关实现和平的讲话。在讲话当中，他用了大量的篇幅，对南丁格尔等人的成就表示敬意：

女士们，先生们，这段时间的痛苦，已成为过去。历史即将掀开新的篇章。连续两个春天以来，我们经历了战争的风风雨雨。草木枯萎，复又生长，已经掩盖了克里米亚的旧日陈迹。欢乐的拥抱，热烈的欢呼，已经代替了旧日的厮杀、殷红的血迹。一切不屈的人民，已经聚集在团结的彩旗周围……

今天，在克里米亚，我们的部队，正整装待发，医院已经空空如也。仁慈而伟大的护理天使们，仍在那里继续工作。不过，她们的任务，已经全部完成。人们将永远铭记她们不朽的功绩！我们向南丁格尔和她的队伍，表示由衷的钦佩和敬意！

而此时的南丁格尔却并未表现出过分的喜悦。她知道，如果不进行必要的改革，今后军队里的制度和官僚作风仍将和战前一模一样。

伤病员开始大量回国。护士们也开始分期分批回国了。对护士们今后的职业和生活保障，南丁格尔也作了妥善安置。

整个夏天，南丁格尔很多时间都忙于为护士们准备行李和礼物、写求职介绍信、出示身份证明书和依依不舍的话别上。在难忘的几百个战地救护的日日夜夜里，包括那些曾经毛病最多的护士，和南丁格尔之间以及她们彼此之间都建立了深厚的姐妹情谊，有的护士虽然只比南丁格尔小几岁，却将她视为母亲一般。

6月30日，英国陆军大臣潘穆尔勋爵遵照维多利亚女王的旨意，向南丁格尔颁发了一张感谢状，代表全体国民、英国王室、政府和军队最高当局感谢她卓越的战时贡献。

随着越来越多的士兵和护士回国，英国国内掀起了迎接南丁格尔回国的热潮。人们都在打听南丁格尔的归期，政府打算派出军舰迎接，并动用皇家御林军与伦敦步兵连及军乐队沿路演奏军乐，将南丁格尔从港口护送到其住宅。

面对纷纷送到的欢迎活动的邀请函，南丁格尔都一一婉言谢绝了。

南丁格尔对这种虚幻的个人荣耀很淡漠，甚至有些害怕，她的心还在为无辜死去的士兵深深地哀伤。她认为必须想办法使军队作出一些改变，她需要静下心来，想一想回国后的计划。

在军方和家人的一再催促下，南丁格尔寄回了行李，准备启程回国。7月25日，即南丁格尔启程回国前3天，前线总司令斯托克向她颁发了战区英军的感谢状。随后，土耳其皇帝也赐给南丁格尔一只钻石手镯，并分送慰问金给每一位护士。现在，这只手镯和女王御赐的胸针都一起陈列在博物馆。

临别前夜，南丁格尔手提油灯，最后一次独自穿过茫茫夜色，缓步巡行在悠长的走廊里。这一次她只有很少士兵需要探视，她在他们身边逗留得更久，彼此祝福、告别。

7月28日，南丁格尔谢绝了军方的安排，与玛依姑妈用"史密斯太太和史密斯小姐"的化名，从君士坦丁堡乘船前往法国马赛。随后，她在巴黎同姑妈分了手，仍用化名只身前往英国。为了避免被人认出来，她在穿戴和发型上都作了一些修饰，自称是刚刚受聘到一个英国绅士家中教法语的巴黎郊区太太。

早晨8时，南丁格尔按响了勃蒙瑟修道院大门的门铃。整个上午，她同修道院院长一起作了早祷。下午，她依然孑然一身，乘车北上。傍晚，她已走在里哈思特的路上。樊妮、芭兹和威廉正在客厅里唠家常，只有老管家华生太太独自一人坐在厅前自己的小屋里。

华生太太听见有人走进庭院，抬头一看，只见一个女子身穿黑色长裙快步走上甬路。华生太太再定睛一看，怔住了。

"南丁格尔小姐！"她突然声泪俱下地跑上前去迎接她。

大名鼎鼎的"战地女神"就这样巧妙、成功地避开官方、报界和民众声势浩大的围追堵截，悄无声息地回家了。

事后，芭兹回忆说，她的回国"安静得像一片树叶"。没有请到南丁格尔，那些盛大的欢迎会也召开了，不过都是在南丁格尔缺席的情况下召开的，最多也只是由家人充当代表出席。

克里米亚战争不是一场目的高尚的正义战争，交战国双方的伤亡和损失都十分巨大，但也产生了一些有益的后果：自从战争结束后，英国士兵不再被同胞们视为近乎歹徒的乌合之众、人类渣滓，英国护士也不再是那种醉酒、偷病人东西、行为不端的"下贱婆"形象。

南丁格尔及其护士队用自己的行动，为护理职业树立了光辉的典范。

成立皇家调查机构

南丁格尔说，克里米亚战争期间，她曾见过"地狱"。那地狱的景象深深地刻在她的记忆里，使她永生难忘。从另一方面讲，正因为见过地狱，她在精神与道德上才更为高尚而纯净，更加与众不同。

从克里米亚回来以后，品味战后生活的欢乐与幸福，她的眼前仍不时地闪现出斯卡特里医院种种恐怖的景象。她不止一次地写道："很不幸，这些情景，将陪伴着我走完一生。"

萦绕在南丁格尔脑际，让她感到无限痛苦的，不仅仅是医院里那千千万万个死者的亡魂，更是那些严酷的现实，包括本来可以预防的疾病、可以避免的灾祸。克里米亚战祸中惊人的死亡率是英国军队中不合理军医制度的必然恶果，而这样一个制度却仍然在运转着，仍然在谋杀士兵们，仍然在重复着斯卡特里的悲剧。

这样一个严酷的现实，只有南丁格尔一个人清楚地看到了。拯救英国普通军人命运的责任，就历史性地落到了她的肩上。

处在这样一个历史地位，南丁格尔则当仁不让，毅然听从了这项光荣使命的召唤。但是，她也为自己的这种命运黯然神伤了。由于在战争中相当投入地工作，她的身体经常性疲倦，却查不出究竟是何病。她变得有些暴躁了。

青年时代那种突出的仁爱精神正在南丁格尔的心中消退，但她的头脑却更聪敏，眼光更锐利了，意志也更加坚强，光明磊落、公平处世观念也更纯真了。早年那个多愁善感的女性，在她身上消失不见了，成长起来的是更加坚定信念的灵魂。

1856 年 8 月南丁格尔在日记中写道：

我宁愿站在那些被"谋杀"的士兵们的祭坛上，随时准备把我的头颅一并献出。我千万次告诉自己：只要我活着，哪怕只剩一口气，我也要为属于他们的事业而努力。

9月份，她给伦敦东威罗区的主教写信说：

我无法为那些为国服务而死去的人们再做些什么，他们不再需要我们的帮助。他们的灵魂，已经回归给予他们灵魂的上帝那里去了。如今我们应该做的，是争取不让他们承受的苦难毫无价值。这就是，我们要接受教训，要想方设法地减轻他们未来的苦难。

但是，南丁格尔的身体已经疲惫不堪，在紧迫形势的催逼下，她渴望立即投入工作，必须趁全国上下对于克里米亚惨剧记忆犹新之时，抓紧时间采取行动。只有这样，才能使无数的冤魂得到拯救。

但是，她能做什么呢？潘穆尔勋爵此刻正在苏格兰丘陵丛林中猎松鸡。史得尼·赫伯特也正在爱尔兰钓鱼。

南丁格尔接二连三地给赫伯特写信，他在回信中却直率地说，认为她兴奋过度了，需要好好地休息一下。

她急得像要发疯。拖延必将误事，鲁莽行事也是徒劳无益的。她意识到，她面临的困难是很特殊的。她身为女子这已经很不利，而她如今又是举国闻名的女英雄，这在某些问题上不仅没有为她提供方便，反而使她步履维艰。

众多因素凑到一起，就成为一种极为强大的力量，使她成为英国官场感到"棘手"的人物。几遭推诿，南丁格尔感到，不论她制订什么样的方案、计划、建议，都会被官方拒绝，原因仅仅是由于这一切出自南丁格尔。

因此，南丁格尔告诉自己，必须学会刚柔相济。作为一种对策，自己的言行不能刺激官方敏感的神经。她开始有意识地压低自己的声誉。她别无选择，只有以低姿态入手，才有可能使目标得以实现。

她在笔记中写道："有的机构，用我的名字大吹大擂，已经给我造成极大的不利，使我在今后的工作中遭遇阻力。我决不会再以任何方式显露自己。"

与此同时，南丁格尔也深知浮名虚利的害处，所以她不再给刊物写文章，也不再作演讲。相反，她以极大的耐心和由衷的谦逊，一步步地接近权威人物。

就在这个时候，一个意想不到的机会出现在南丁格尔的眼前：维多利亚女王出巡，驻足苏格兰巴莫罗城堡。据悉，女王很有兴趣听南丁格尔谈谈她的随军医护生活观感，不仅是作为公务，而且作为私人谈话。机会，终于让有心人等到了。

如果维多利亚女王能够听从南丁格尔的建议，那么，南丁格尔试图改变英国陆军普通军人待遇的计划就有成功的希望了。权力，在正直无私的人手中，会造就许多有益于社会进步的事业。

南丁格尔同女王陛下的第一次会见历时约两个小时，这是一次重大的成功。

南丁格尔的住处离巴莫罗城堡不远，同女王御医詹姆斯·克拉克爵士住在同一个院落，而詹姆斯·克拉克正是南丁格尔在克里米亚时代的老朋友、合作者。在詹姆斯·克拉克的帮助下，南丁格尔多次奉召进出城堡，陪同女王一行去教堂，并参加了数次宴会。

最重要的是，女王本人好多次亲自拜访了南丁格尔。

有一天，正是下午，阳光明媚，女王突然一个人驾乘马车，没有带任何随从，就一路来到南丁格尔的住所。南丁格尔大吃一惊，感到有些恐慌。女王约她出游，她趁机谈了自己的设想。

又有一天，同样是在并未预先通知的情况下，女王同样意外地来到她的住所，兴致勃勃地同她一起喝茶。茶中，女王与南丁格尔进行了"推心置腹"的长谈，度过了整整一个下午。

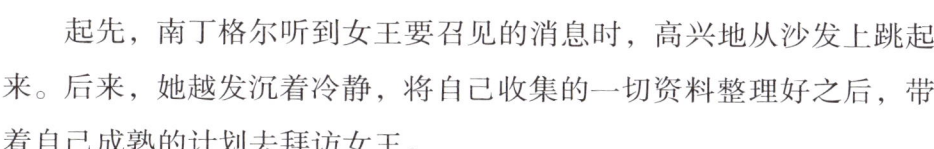

　　起先，南丁格尔听到女王要召见的消息时，高兴地从沙发上跳起来。后来，她越发沉着冷静，将自己收集的一切资料整理好之后，带着自己成熟的计划去拜访女王。

　　南丁格尔建议成立一个皇家医院调查委员会，对军队的医疗卫生状况进行科学的调查分析。如果女王要想批准成立这样的皇家机构，首先需有陆军部大臣潘穆尔勋爵的奏章。

　　而要想实现这一点，其前提是使这位大臣看到改革的必要性。而潘穆尔这个人却有着固执的个性，一向很难说服。他硕大的头颅上有一头浓密的头发，对于这样的形象，人们给他起了个绰号"野牛"。"野牛"为人虽正直、高尚，工作却粗疏，办事也不利索。

　　女王特意安排了南丁格尔在巴莫罗城堡同潘穆尔勋爵会面，商议起草奏章的事。在这里，南丁格尔又获得了意想不到的成功。她的耐心、坚韧，像当年战胜那些醉醺醺的司务长、桀骜不驯的护士和多疑的官僚一样，使潘穆尔勋爵完全不敢懈怠，满口答应了关于提供奏章的事情。

　　南丁格尔不免感到兴奋与惊诧，她没有想到，自己可以如此顺利地说服"野牛"。看起来，一个皇家调查机构，就要根据她的提议建立起来了。

　　11月1日，在得到了潘穆尔的首肯之后，她返回饭店，同赶到那里看望她的樊妮和芭兹团聚。此时此刻，她感到前景是从未有过的美好。毕竟，她的这桩使命，有可能顺利实现了。

经过一个多星期的周密调查和研究，南丁格尔为这个皇家委员会草拟了一份名单，她尽可能地把医疗系统的精英人士容纳进去。她对每个人选都仔细掂量，反复权衡，竭力使文职与武官人员保持平衡。

对于该机构的主席，以她的经验和感受来说，她认为史得尼·赫伯特是最佳人选。史得尼·赫伯特当时身体微恙，所以，起初婉言谢绝，但是，在南丁格尔的一再恳求下，他最后只好同意出任该机构的主席。

11月16日，潘穆尔勋爵登门拜访，对南丁格尔小姐言听计从。这次会面中，南丁格尔小姐的主要目的是确定调查范围，委员会的调查范围将是全面的、广泛而深入的，"应当包括陆军卫生部整个系统，以及所有英军及国外驻军的保健和医疗卫生现状"。

但是后来不知为什么，原定几个星期内成立的皇家调查委员会却迟迟未建立起来。一切的努力仿佛在空气中被蒸发了一样。这次令人痛心的失败，触发了长期以来的积怨，使南丁格尔终于鼓起勇气，向英国政府各部保守势力大胆挑战。

南丁格尔在自己房里坐立不安，愤怒至极。她激励自己继续战斗，直至看到最终的结果为止。南丁格尔一方面写信鼓励她的合作者们继续战斗，一方面冷静地思索对策。她敏锐的头脑终于识破了这位"野牛"的本质。她写道："我们这位勋爵显然是常人之中最无主见的一个！"

的确如此！每次南丁格尔小姐费了很多唇舌说服了潘穆尔勋爵实行改革，但他一回到陆军部，那些反对派官员们很快又把他拉回到老路上去，使他陷入拖拉不决的作风里。

1856年元旦，南丁格尔曾写道：

上帝啊，我已经倦于听到有关克里米亚灾难的说法了。

　　我不想回忆那冰冻、潮湿的战壕，饥饿、结冰的营地，食物供给的不足，以及本来可以拯救死者，却迟迟不能到位的军需储备……

　　是的，有关克里米亚灾难的话，说得已经够多了。为什么不能吸取教训？灾难刚刚过去，真正的悲剧开始了，什么时候才是尽头，才能让不幸的人们看到希望的曙光？

南丁格尔愤怒地诅咒官僚们的无情与健忘。她发誓说："这件事情不办完，我决不让他安生！"

1857年2月9日，南丁格尔在私人笔记中写道：

　　没有人能体会我对部队的那种感情。很多女人所关心的一切，只是如何喂养孩子，如何以天鹅绒或丝绸打扮她们的孩子，而我却不能不考虑得更多。

　　当年，我看着我的"孩子"披着肮脏带血的毯子，穿着破烂不遮体的军裤，在痛苦与呻吟中逐个死去。9000多个孩子躺在那里，每天呻吟不止，他们当中，很多人最终躺在坟墓里，并被活着的人们遗忘，包括那些养尊处优的官僚。他们何曾体验过不幸者的不幸、悲伤者的悲伤？只有经历过严冬的人，才知道严冬的寒冷。

但即使是这样，南丁格尔也不得不与潘穆尔勋爵保持友好的关系，她常同潘穆尔互相通信问候，并开些小玩笑。南丁格尔致潘穆尔的信件开头常戏谑地说："我这个令你烦恼的女子又来了。"

潘穆尔勋爵则开玩笑地称她是个"专爱惹是生非的家伙"，而且常把他打来的种种野味送给南丁格尔。

但到了3月1日，南丁格尔实在忍受不了官僚机构的冷漠无情了。她愤怒地写信给赫伯特："从今天起 3 个月之后，我将公开发表我在克里米亚工作期间的全部经历和见闻，以及我本人对于改革军队医护制度的基本设想，除非在那以前我得到一个将要进行改革的合理而切实可靠的保证。"

赫伯特把这封信转交给潘穆尔，这一威胁果真使潘穆尔大臣坐卧不宁。公众舆论很快支持实行改革，潮流终于转向改革，潘穆尔不得不表示屈从。

5 月 5 日，皇家委任命令正式颁布。一周之后调查委员会成立，并开始投入工作。正在南丁格尔忙于此项重大工作的时候，许多热爱南丁格尔的人依然络绎不绝地前往拜访她。

当时在南丁格尔家中帮佣的老妇人说：

那时的情况，我记忆犹新，我整天为了接待客人，忙得不可开交。他们有的乘车，有的步行，什么身份地位的人都有，还有很多军人，他们大多是受南丁格尔小姐照顾过的士兵们。不论是健全的或是失去手足、眼睛的人，全都要求见我家小姐。

但能幸运地见到我家小姐的还不到 1/10。小姐告诉我，如果是为了养老金来找她的军人，就请他们留下纸条，由我交给小姐，她会很快给予回复的。

小姐当然希望能和每个人见面，尽力地为他们提供力所能及的服务，但来的人实在太多了，不只是客厅，连院子里都挤得水泄不通，何况我家老爷也不希望小姐抛头露面……

偶尔有一次，人们听说南丁格尔接受政府邀请参加盛会的消息，便纷纷赶往那个集会。他们竟不分青红皂白地围住一个妇女，硬指称她就是民族英雄南丁格尔。

"请让我摸一下你的披肩好吗？"

"请让我握一下你的手好吗？"

这让那位小姐左右为难，不知如何是好！

这件事引发南丁格尔的好朋友，牛津大学校长写了一封信给她："从克里米亚回国后，你一直深得民心，受国人爱戴，如果你有意运用这种声望和本身的才华，恐怕早已是一位侯爵夫人了。"

然而，南丁格尔此时根本无心于婚姻，她决心将自己的一切奉献给那些下级军人，将改革进行到底，不再让那些未来的士兵重蹈克里米亚战争的覆辙。

重新建立军医部门

皇家医院调查委员会成立后，南丁格尔一直居住在勃灵顿饭店，一心操持着委员会的工作。她的工作负担极重。

3 个月之前，她还是个虚弱的病人，现在却又夜以继日地工作起来。她不仅操心着委员会的工作，还要亲自起草她个人关于卫生、行政领导部门的机密报告。

后来，她提出"庭园式"的医院设计方案，即将建筑分成几个区，她的最终目标是：没有一个庭园或病房的空气能污染到另一个庭园或病房；必须有空旷的天空。同时，可以从外面得到最新鲜的空气。每个庭园形成一座附属医院，里面设有一流的行政管理机构。

尽管当时还没有弄清细菌感染的性质，南丁格尔却从自己的观察中推断出这样的结论：把病人隔离开来可以减少疾病的传播率。这种现在看起来也许十分简单的想法，在当时却有着划时代的意义，这一想法拯救了无数人的性命。

这种"庭园式"设计，在很大程度上得到了实现，如伍利奇市的赫伯特医院、兰伯支的圣·托马斯医院。实际上，这两个医院都是在南丁格尔的监管下修建的。

不久，皇家委员会调查团开始召开会议，查询有关证人，以了解军队医院的具体内幕。此时，南丁格尔的工作更加繁重了。

这一年，伦敦的夏天活像一场没完没了的噩梦，南丁格尔的小屋里又黑又闷，天空也总是那样昏暗、沉闷，而她却执意不肯离开这令人烦躁的地方。因为她得四处奔波，收集材料，寻找证人。即使是健康的人也难以承担如此繁重的工作，而身体欠佳的南丁格尔，能这样

不辞辛劳地工作，简直令人难以置信。

但不管怎样，南丁格尔做到了，而且是从事这项工作的"先锋"。她要马不停蹄地访问民事和军事机构、兵营、陆军医院、收容所和监狱。

海军军医部总监约翰·利戴尔勋爵，非常敬佩南丁格尔的敬业精神，并成了她得力的朋友。在他的邀请下，她参观了哈斯拉尔和伍利奇的海军医院，并写出了严谨、翔实的调查报告。

在通风和膳食方面，南丁格尔也为医院提出了一些改进的建议，并制订引进女护士的计划。

南丁格尔处于一个特殊的地位，周围工作的同事们自称是"一伙兄弟们"，而勃灵顿饭店则自然而然地被戏称为"小陆军部"。因为维多利亚女王曾夸奖南丁格尔说："她的智商很高，足可担任陆军大臣。"

南丁格尔四处收集材料，字斟句酌地研究结论，把所有证词都进行了严密的审核，确保不出差错。她与同事们一起拟订发言稿，以便在委员会调查会议上宣读，揭示军队医院的真实状况。

她对待工作一丝不苟、勤奋认真，同事们对她都很信服。就连住在勃灵顿饭店，每天对此耳濡目染的樊妮，在给丈夫威廉的信中都说："她周围的那些人，简直把她的话奉为金科玉律！"

萨瑟兰德医生对玛依姑妈说："她是这项工作的'引擎'。凡是每天与她共事的人都知道，没有一个人能有她那样坚强的意志，能有她那样清醒的头脑、强大的力量、无私的献身精神。她是上帝创造出来的前所未有的天才。"

南丁格尔对人的要求有时有些异想天开。她要求她的同事处事更审慎，研究资料更细致，对于有些不合理的事实情况作出大胆的批评，哪怕在权限范围之外也不要顾虑。只要一切从士兵们的利益出发，只要一切是为了更有效地接近合理、公平、效率就行。

而人们一经纳入南丁格尔的工作轨道就一定会着迷。而这种执着精神给她的支持者赫伯特造成很大压力，所以，她再三说："没有他，我是一事无成的。"

赫伯特的威望和他在下院的权力，对调查委员会来说具有头等重要性。如果南丁格尔小姐能把他调动到这一事业中来，他的能力将是无与伦比的。但此时，这位富有责任心的政治家，精神不振，周身患病。这其实就是一场重大疾病的预兆。

南丁格尔作为一名杰出的女英雄，是全力以赴地投入工作的。她自己的身体每况愈下，但她却咬牙坚持，那种顽强拼搏的斗志正是一个有高度责任感的人的表现。

在她的严于律己的作风的影响下，任何一个有自尊心的男子都会忍住自己的伤痛努力工作的。因为忍耐和劳动是具有相当价值的行为，而毅力则是极具感染力的。

在南丁格尔热忱工作的面前，赫伯特也不甘示弱。他们俩的才干和能力恰好相得益彰，配合得十分默契。南丁格尔勤勉努力，干劲十足，而史得尼·赫伯特能言善辩、沉着机敏。他俩配合在一起工作，简直是攻无不克。

南丁格尔在日记中记述着："他是我见到的头脑最敏捷的人，行动又快又准确，而且又那么富有同情心。他的谈吐、态度就足以约束那些最难以对付的人。在调查委员会工作的整个时期，从未同任何人争吵或结怨。"

在岁月的痕迹中，他俩已经建立了深厚的友谊。这仅从史得尼·赫伯特每次信笺末尾的"愿上帝保佑你"这句祝颂中便可看出。而这友情的纽带是十分牢固的。

随着调查团工作的深入开展，随着查证会一次次进行，形势的发展得越来越明显，他们不可能成功，改变英军的生活条件的提案得不到任何答复。

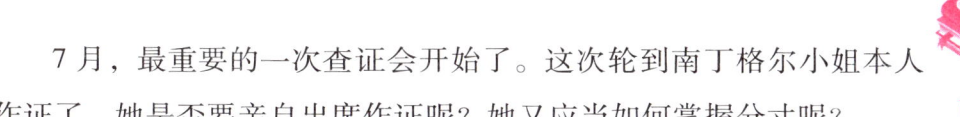

7月，最重要的一次查证会开始了。这次轮到南丁格尔小姐本人作证了。她是否要亲自出席作证呢？她又应当如何掌握分寸呢？

史得尼·赫伯特方面不愿"因挑起争论而结怨"，最后南丁格尔决定不出席查证会，而只向调查委员会提出一个书面材料，答复了有关问题。

委员们宣读了她的证词，并同意它是结论性的。

委员会报告长达30页，逐字逐句引自南丁格尔刚写完的《英国军医部门的效率及医院管理以及影响士兵健康的各种因素的调查》。这份机密报告原来是写给陆军部大臣潘穆尔勋爵本人的，所涉及的范围很广，整个报告论述热情激昂，至今读起来仍感人至深。

南丁格尔在此文中，把克里米亚战役当作一场规模巨大的军队医疗救治的"败笔"，全面分析了军医工作对军队素养的巨大作用。她全面总结了这支军队如何由于忽视卫生工作而陷入痛苦和失败的悲剧，又列举了在进行了有效的改革之后，这支军队又是如何恢复到最佳的健康状态，如何提高了战斗能力。

南丁格尔以6个篇章全面描述了克里米亚战役的惨痛经过，最后说："过去的事，就让它永远埋葬在过去吧！但是，我们应当就此改革我们的制度，使我们的士兵今后能受到人道一点的待遇。"

在此书的最重要章节中，她又详尽地分析了英国军队营房在和平时期极端恶劣的卫生保健状况。她指出，这些状况如此恶劣，以至于军队士兵的死亡率总是比居民的死亡率至少要高出一倍还多！她愤慨地说："我们的士兵应征入伍到兵营里去白白送死！"这句话后来成了改革派的战斗口号。对于这样一个挑战，任何政府都不敢不予理睬了。

为了保证这颗"重磅炸弹"一击成功，南丁格尔和赫伯特商量后，决定暂不以个人名义向潘穆尔勋爵提交这份报告，因为所有这些意见、看法最终会反映在调查委员会8月份的总结报告中。潘穆尔勋爵可能把她的机密报告束之高阁，却压不住皇家调查委员会的调查结果。当然，对委员会的各项建议他是不会很快采纳的。他还得对这头"野牛"施加些压力，并明确指出改革的目标和任务。

1857年8月7日，史得尼·赫伯特写信给潘穆尔勋爵，以极其温和的口吻指出，调查委员会已经掌握并将于近期提交最终调查报告，材料肯定会轰动英国社会，而把政府置于公众舆论的强大压力之下。他建议政府争取主动，趁报告尚未提交给下院议论之前，赶快采取措施纠正那些亟待解决的弊端。信后还附有按照南丁格尔意见草拟的一份改进计划。

这就是：由潘穆尔勋爵任命4个具有实际职能的分会，分别负责整顿兵营的卫生状况、在陆军部建立统计机构、组建一所军医学院和彻底改组军医部门。

其中第四个分会，南丁格尔小姐称之为"扫荡分会"，因为改组范围很广，改革派可以在彻底清洗的基础上重新开始组建军医部门。

8月中旬，在苏格兰森林中享受猎鸡乐趣的潘穆尔勋爵，被迫南下回到陆军部研究改革军医工作的事宜，这次他逃脱不掉了。经过长时间的讨价还价，终于在原则上同意了这一计划。

史得尼·赫伯特完成了这项任务后，如释重负，马上又到爱尔兰度假钓鱼去了。他在写给南丁格尔的信中说："驯服'野牛'之后我轻松了许多，但我仍很担心你的身体。回国这一年中，你根本没有好好休息放松过。"史得尼·赫伯特的这封信还没寄到伦敦，南丁格尔小姐由于一直在勃灵顿的暑热中苦熬，健康就完全崩溃了。

对樊妮和芭兹一向忍让迁就的南丁格尔，这一次终于越过了底线，例外地对在身旁吵闹不停的芭兹叫喊起来："我需要独自一人好好待一会儿，我已经4年没有好好休息过了。"

南丁格尔拒绝回恩普利庄园，也拒绝护士的看护。但最终，她还是不得不同意去马尔汶就医治疗，但不许别人来打搅她。她在医院里

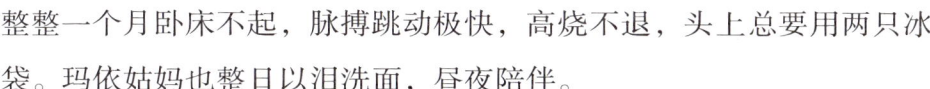

整整一个月卧床不起，脉搏跳动极快，高烧不退，头上总要用两只冰袋。玛依姑妈也整日以泪洗面，昼夜陪伴。

南丁格尔病得很重，大家都以为，这次她活不了了。南丁格尔，这位以神的召唤而努力奉献的人，在竭尽全力之后，终于陷入了伤病。亲友们都很担心。但是，这个意志坚强的人再次顽强地熬过来了，并于9月底勉强出院，拒绝去疗养院，径直回到勃灵顿饭店。

1857年8月的这次健康危机，的确使南丁格尔小姐的身体从此一蹶不振。从克里米亚归来之初，她虽然也常常感到劳累和疲倦，但如她自己所说："总还有些力气可以东奔西跑。"

当时，她辞去了一切公职，竭力避免抛头露面，但还可以在家里接待朋友。而这次病后，她除了工作之外，毫无余力了。

长期生病也给了她一些方便，使她免受了很多打扰。

例如，姐姐芭兹提议来伦敦，南丁格尔回答说："……刚刚又发作了一次。"

父亲威廉坚持要亲自来看望她，她又说："常常头痛、心悸、气短……"父亲只好退却。

根据玛依姑妈信中说，当时南丁格尔的生命"正处于千钧一发的攸关时刻"，同家里人见面情绪波动的确是很危险的。芭兹和樊妮只好让步，全家到伦敦参加秋季社交活动时，住的是另一家饭店。

南丁格尔疲惫地躺在软椅里，她试图提笔开始工作。只要身体状况略有好转她就写作。基于女王和众人的期盼，南丁格尔将她在远征中所遇到的事，以及自己对医疗改革的提议和感想，整理成厚达567页的《军医行政的效率》。

这本书完全以自费印刷，分送给亲朋好友和与此案有关的人士。陆军大臣潘穆尔也曾要求南丁格尔写一本类似于护士工作手册的书，弗罗伦斯·南丁格尔就此写了一本《平时与战时陆军医院护士手册》，这是早先那本作品的续篇。

接着她又写了《1854 年以来 3 年间英国陆军医院之账目明细报告》。诚如书名，她将踏入克里米亚远征的那一刻所有的募捐开支项目一一列表详细记录，这本书仍然是自费印刷，分送给每一位捐款人，并公之于世。

在报告书中，南丁格尔附录了克里米亚各地区战时医院的详细地形图。这些可能都是她每晚在斯卡特里的那个小屋中所整理出来，如今再重新编排誊写的。

当这本书印行之后，那些信任她，并大胆地把募款交给她的人们，不但知道了南丁格尔的行事方针，也明白了自己捐出款项的真正去处，因此都不禁对她处理公事的严谨态度，以及勇于负责的作风感到由衷的钦佩。

南丁格尔的报告书，引起了统计专家的注意。1858 年，她制订账目明细表的优异才能，成为统计学会讨论研究的专题。这一份需要耐心与定力才能完成的艰巨报告，却是南丁格尔在垂死的状况下由玛依姑妈陪伴奔走于各地疗养时所制订出来的。

尽管南丁格尔在养病，但事实上她笔耕不辍。病情，没有好转的迹象。

有一次，姐姐芭兹告诉朋友说："南丁格尔想用工作来自杀。"

为此，好友沙谢兰特博士曾写了两封诚恳的长信，劝南丁格尔养病，但南丁格尔不但予以婉拒，反而责怪博士。

由于南丁格尔的健康情形很差，生命危在旦夕，她希望充分利用仅存的每一分钟，为世人多尽一份力量，这样她才能更安心地离去。因此她绝不肯轻易放弃未完成的工作，反而比以前更加珍惜每一寸光阴。

在这种情况下，她的健康每况愈下，最终累得无法起身。她自忖大限已到，于是在 1857 年 11 月 6 日写下遗书，寄给史得尼·赫伯特。

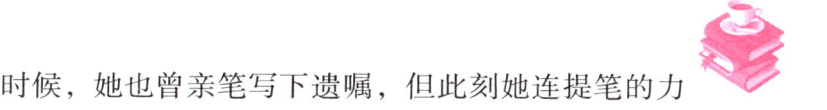

在克里米亚的时候，她也曾亲笔写下遗嘱，但此刻她连提笔的力气都没有了，因此，必须劳烦舅舅才能完成最后的遗言。在遗书中，她仍然无法忘记终身所抱的志向。

等待她康复后建立护士学校的5000英镑"南丁格尔基金"，只好转交圣汤姆斯医院处理，并且希望把父母身后她所得到的大笔遗产作为示范医院的建设资金，并规定其中必须包括图书室、化学实验室、娱乐场、操场等设备。

她把后事交代得非常清楚：

主啊！我在此听候您的召唤：我高高兴兴、勇敢果决地到斯卡特里，现在我也要快快乐乐、毫无畏惧地回到您的面前！

大家都知道，派我到斯卡特里是您赐给我的最大关爱，现在您将带我去的地方，是否也允许我从事护士的工作呢……

那诚挚无畏的态度，像一首传奇的歌曲，表达了一个基督教徒对生命负责到底、对使命负责到底的精神。

由于南丁格尔病重，"小陆军部"的改革方案也一直搁浅，一切陷入绝望之中。在她的心中或许还有许多打不开的死结，但她在垂死之前，却念念不忘这一改革方案。

南丁格尔一个人筋疲力尽地躺在勃灵顿饭店的新套房中，相信自己活不了几个月了，周围的人也这样想。玛依姑妈搬过来与她同住，想使她在临终的日子里心情轻松地度过。

玛依姑妈的女婿，诗人亚瑟·休·克劳，随之也成了南丁格尔的"奴隶"，终日"像一匹拉车的马"心甘情愿地为她记写备忘录，起草书信，递送报告。

这是一种离奇的温室育苗般的生存方式，死亡随时都会降临到她头上。然而，就在这样一种环境气氛中，南丁格尔小姐躺在客厅的沙发上，难得坐起来，几乎从不外出走动，而她却更加拼命地工作着。

潘穆尔勋爵在改革与维持现状两派施加压力的情况下，再次在"扫荡分会"的问题上让步退缩，尤其不敢旗帜鲜明地支持"彻底改组军医部门"这一焦点目标。鉴于这种情况，史得尼·赫伯特专门找上门去同这位大臣进行了一次暴风骤雨式的长谈。

谈话后，这位大臣又一次承诺照办调查团所提的4项建议。

这时，南丁格尔也看清了，谁能制服这头"野牛"，谁就是胜利者。于是，她又想出一个新的斗争策略。舆论从来就是改革者最强有力的武器，她准备发动一次新闻攻势，向报界和社会公布军队内部腐朽的、不合理的官僚体制及其危害。她把已经写好的所有提纲、事实、数字及写作纲要统统提供给了报界。这些材料她都不署自己的姓名，甚至连她前不久写成的小册子《英国军队死亡率研究》，都不是以她个人的姓名发表的。

1857年年底，在舆论凌厉威猛的攻势面前，潘穆尔勋爵终于作出实质性的让步了，4个分会都在12月份成立起来。

1858年5月，下院在一阵阵雷鸣般的欢呼声中，通过了一系列的改革决议。有位改革派的官员写信给南丁格尔说："您对增进英国军队的福利和效率所作的贡献超过了任何活着的男人或女人，感谢上帝，终于让我们都活着见到了您的成功。"

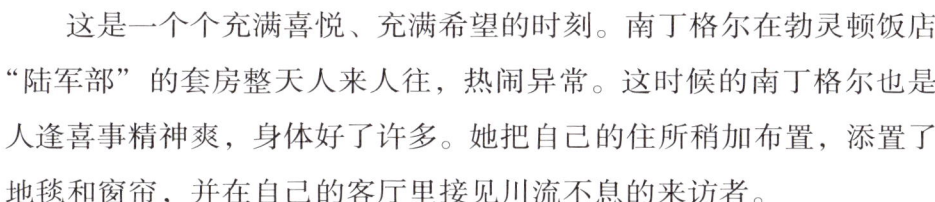

　　这是一个个充满喜悦、充满希望的时刻。南丁格尔在勃灵顿饭店"陆军部"的套房整天人来人往，热闹异常。这时候的南丁格尔也是人逢喜事精神爽，身体好了许多。她把自己的住所稍加布置，添置了地毯和窗帘，并在自己的客厅里接见川流不息的来访者。

　　这时，南丁格尔家中也有一件喜庆的大事。

　　1857年夏天，樊妮从勃灵顿饭店写信告诉威廉，有位哈里·维尔尼男爵曾经来访过。这位哈里·维尔尼男爵是金翰群历史上著名的克莱顿庄园的产权人，50多岁，鳏夫，个子非常高，仪表堂堂，一副贵族派头，是当时英国有名的美男子。他曾殷勤地追求过南丁格尔，并且求过婚，但被拒绝了，但此后却经常出入于恩普利庄园，这年冬天他同芭兹产生了感情。

　　1858年4月，他们宣布订婚，6月在恩普利悄然举行了婚礼。南丁格尔没有参加芭兹的婚礼。那时她在饭店里养身体，享受着难得的宁静日子。樊妮沉浸在来得太迟的大女儿的婚礼的欢乐之中，总算是了却了一桩心愿。芭兹也一心盘算着如何当一个"维尔尼男爵夫人"式的贵妇，她再也没有兴趣和精力去打扰南丁格尔了。

　　39岁的芭兹总算安顿下来了，她后来除了做贵妇人之外，也开始做小说家，写过几部描绘男女恋情、家庭生活与社交的小说，但没有引起很大的反响，倒是有关南丁格尔的一些回忆文章，因为占有第一手的资料，主题又很受关注为她赢得了一些好评。

　　但是就在人们沉浸在喜悦中时，谁也没有料到，一个巨大的不幸，正在逼近赫伯特。

151

好友赫伯特之死

战时，远在前线的南丁格尔与国内的赫伯特相互回应，为前线士兵的生死全力以赴，回国后他们俩又并肩作战，为改革军医制度不遗余力。然而，令南丁格尔没有想到的是史得尼·赫伯特的健康状况在日益恶化！

自1858年年初开始，赫伯特的身体就渐渐地每况愈下了。皇家调查委员会4个分会的繁忙工作则严重损耗了他的身体。他既得不到休息，也得不到关心。南丁格尔相信自己随时可能死去，早已不把一般的病痛放在心上。她拼命催促史得尼·赫伯特迅速开展4个分会的工作，就连赫伯特的夫人也在催他。

丽莎·赫伯特也极力赞助他与南丁格尔的合作，因为这是赫伯特众多工作中，丽莎最欣赏、最支持的一部分。她极力接近南丁格尔，因为通过她，她与史得尼的关系可以更为密切。

史得尼·赫伯特这位才俊之士，犹如一匹骏马，渐渐地步入衰老期。南丁格尔正因为将他视为知己和同志，所以以对待自己疾病和痛苦的方式同等地对待他。

他俩像并肩作战的战友，互相援助，但他俩又像不同凡响的男女朋友，互相格斗，争执而又不伤彼此的心，两人都以要强的姿态投入工作，可能南丁格尔的准则更为苛刻一些。

南丁格尔时刻不忘在克里米亚战争中因照顾不周而死去的伤病员，那些辗转于病床的痛苦让她觉得应坚定不移地投身到改革中去，因为那是在救助苦难中的人们。她自己义无反顾，所以对史得尼·赫伯特的逼迫毫不留情。救护苦难中的人，是他俩互相理解、互相支持

的根本责任所在。

1859年，赫伯特又被委任为陆军部大臣，替代了潘穆尔勋爵的职位。乍看起来是个胜利，现在身居当年潘穆尔勋爵的地位了，没有什么事是赫伯特办不成的了。

但是，如今只有处在潘穆尔的位置，赫伯特和南丁格尔才更清楚地看到，军队改革运动最主要的困难，在于陆军部的行政体制本身。

若要推行改革方案，首先要彻底改组陆军部。在进行任何改革之前，必须对陆军部的行政机构进行改组。这样，史得尼·赫伯特还得肩负起这样大的一项任务。他又一次感到上帝是如此的垂青于他。经与南丁格尔商议后，他着手"简化办事程序，取消责任不明的组织建制"。

1859年夏末，南丁格尔再次病倒了。但这次，她周围的人对她身体健康的态度也发生了变化。人们形容她的性命"危在旦夕"，实在说来，这种"危在旦夕"已经达两年之久了。

玛依姑妈家里的人已经不耐烦了，催她回家忙自家的事情。由于克劳对她的事业的热忱，克劳家的正常生活也受到了很大影响。克劳本人的健康状况也很让人担忧，克劳家里人也开始催他回去。

两家人都抱怨南丁格尔小姐，南丁格尔小姐很生气。但是，幸好有玛依姑妈在伦敦，这样办事情就容易多了。

10月，玛依姑妈和克劳还在勃灵顿饭店陪伴着南丁格尔，表面看来一切正常，实际上大不如前，问题接二连三地到来了。如克劳健康不良，玛依姑妈家里纠纷不断，陆军部的种种无法解决的复杂问题，尤其严重的是，史得尼·赫伯特的健康已经每况愈下了。

但命运之轮拖着他和南丁格尔一起前进。若把南丁格尔为军队所做的事情总起来看，会使人难以置信。任何人都不会强令自己去完成如此庞大的工作量。这些堆积如山的文件、报告、书信，通通是她亲手起草的。这要消耗多少精力啊！而在1859年，这还只是吃力工作的一部分。

当时，南丁格尔是全欧洲唯一的一位既有平民医院经验又有部队医院经验的人。她的知识和天资，使她不可避免地要被吸引到公共卫生工作领域中去。

1859 年，她出版了一本论述医院建设的《医院札记》。该书共出了 3 版，书中提出的一些观点，直到今天对于受过专业教育培训的人也是有启发性的。例如，降低一个医院的病员死亡率的最有效的办法就是改善通风、排水和搞好清洁卫生。

从此以后，不断有人就医院建设的有关问题向她请教，有的甚至从荷兰、普鲁士、印度、葡萄牙来征求她的意见。这包括一系列的技术问题，从怎样用管道供水，到医院里墙壁的颜色，问题五花八门。她给铁器商、工程师、建筑师等写过数百封信，甚至还有一篇题为"论污水槽"的长篇报告。

南丁格尔还倡导实行了对医院病人统一登记和疾病分类统计的制度，并特地为此设计了一些示范性的表格。"使我们对不同医院、不同疾病的死亡率情况做到心中有数"。

伦敦绝大多数医院后来都采用了这种登记表。南丁格尔觉得统计"比小说更生动有趣"。她说，她专爱"啃硬骨头"，弄清事实。她的好朋友西拉丽·博纳姆·卡特回忆说："南丁格尔不管多么疲惫不堪，一看到一长篇数字，对她来说，总是最好的兴奋剂。"

随着卫生事业的改进和发展，护理逐渐退居次要地位了。但南丁格尔对这一事业的热忱丝毫未曾减退。在 1859～1860 年年底，她筹办了护士学校。但是，时至 1860 年年底，对她来说那项十分重要的事业，为了英国军队所做的工作，遇到了意想不到的挫折。

史得尼·赫伯特的健康终于完全垮了。他病倒的时间是最糟不过了，因为，陆军部的改组工作只有他一个人能够胜任。"再打一仗吧，再打最后一次，最漂亮的大仗吧！"南丁格尔曾写信这样央求他，让他振作精神，鼓起最后的勇气，打完这最后一仗，就答应让他退休，好好休息。

史得尼·赫伯特的精力此时已将消耗殆尽。医生说，他患的是肾脏疾病，已到晚期，无法治疗，医生建议完全卧床休息。而这个意见不仅南丁格尔和赫伯特夫人无法考虑，就连赫伯特本人也感到不可能实现，他仍旧一味地苦撑着。当时改革运动同官僚守旧势力的斗争正处于白热化阶段，他，这场斗争的中心人物，怎么能够躺倒休息呢？

1861 年 5 月底，南丁格尔托付给他的工作他都完成了，他实在支撑不住了。每天早上，他总是先靠在沙发上喝上两口白兰地酒，然后借着酒劲儿，爬到陆军部去上班。这个坚强的人就是死也要站着死去。

6 月 7 日，他写了个便笺给南丁格尔，说明自己确实必须退休了。南丁格尔痛苦地答应了他。他能忍受弗罗伦斯·南丁格尔生气，却不愿使她感到难过，他深知南丁格尔重病缠身，心系国事。他常常这样说："可怜的南丁格尔，她舍弃得更多啊！"于是他特意亲自去拜望了南丁格尔。

一场严峻的谈话开始了。南丁格尔本人的精神和健康也正被愁苦和辛劳消磨着，她当然不愿看到眼前又倒下一个战士、一个忠诚的合作者。而史得尼·赫伯特想到，如果他不去承担这一切，那就等于断送了英国军队。再说，还有谁能比南丁格尔舍弃的个人幸福、忍受的个人痛苦更多呢？

这样，赫伯特完全不顾自己的病情，又把一切都承担下来了。7月 9 日，他又一次乘马车来到勃灵顿饭店，向南丁格尔告别。他走路已摇摇晃晃，很吃力了，由别人扶着走上楼梯。这就是他们的最后一次会面。

赫伯特支撑着回到了自己在威尔顿的住所，这个他如此熟悉而喜爱的地方。"我热爱这里的每一个角落，这个地方宛如一个有灵之物，一个活人……"

3个星期之后，1861年8月2日的清晨，这位顽强的战士终于与世长辞了。赫伯特临终的话是对南丁格尔说的："可怜的南丁格尔，我们共同的事业还没有完成……"

在南丁格尔忠诚无私精神的感召下，史得尼·赫伯特临死也没有退出阵地。他死后，验尸的结果令医生感到惊奇：一个人病得这样严重尚能坚持工作一年之久，简直是医学界的奇迹！

又过了很多年，史得尼·赫伯特与南丁格尔共同为之奋斗的事业才逐步得以实现。史得尼·赫伯特的心血并没有付诸东流。如果没有他的努力，英军士兵的悲苦境遇也许还要继续耽搁半个世纪之久。

1857年的皇家卫生检查委员会也许并没有完成预定的任务，但它的成立，它的从无到有的发展，就是一个胜利，它标志着一个新的时代已经破晓，军队士兵已经看到了曙光。

史得尼·赫伯特病逝两周后，南丁格尔小姐写成了一篇悼念他的回忆录，即《史得尼·赫伯特和他对英国军队的贡献》。此后，她永远地离开了勃灵顿饭店。她感到那里像是一所"凶宅"，每当她凭窗眺望，仿佛总会见到史得尼·赫伯特就站在大街上。之后，南丁格尔完全沉湎在思念和悲哀之中。她十分悲痛，但并不悔恨自怜，她感到她忠实地履行了她的天职。

回首往事，她问心无愧。但毕竟，现实发生了异乎寻常的变化。史得尼·赫伯特在世时，她感到，她是一只手，而史得尼·赫伯特是这只手中的利器。而此刻，每当想起他，她就会感到史得尼·赫伯特才是他们共同事业的主人和"大帅"，而且在感情上与他似乎也更加难舍难分。

她写道："没有人像我那样敬仰他，追随着他，没有人像我那样地了解他。"

不朽的护理业

每一位护士都必须是一个靠得住的人，是可被信赖的，那是生命成熟的气质，因为上帝把人最宝贵的生命放在了她们手中。

——南丁格尔

建立护士学校

自 1859 年起，南丁格尔开始在圣·托马斯医院筹备开办一所护士学校。建校资金来源于战时成立的南丁格尔基金，耗费 45000 英镑。

这个计划当南丁格尔在克里米亚浴血奋斗时就已诞生，现在她更是从长计议。她坚持要以最佳的投入来建立护士学校。

但是，兴办之初，护士学校的计划并未获得广泛支持。在圣·托马斯医院内部，许多医院的高级顾问、外科医师甚至也认为"护士工作无非是侍女的工作"，只要稍微学一点简单的消毒知识，会裹扎绷带就行了。当然，出于对南丁格尔的尊重，还没有人公开讲这种难听的话。

医学界的另一些人则敏锐地看到，在南丁格尔的努力下，护士工作可能在医院里以更科学的面目扎根。还有一部分人对此并不表示欢迎，一个很有影响的医学界协会就公开声称："兴办护士学校只会侵犯医生的工作范围，扰乱医院秩序。"

坚决支持这项计划的只有两个人：一个是内科住院总医师；一个是医院舍监沃博太太。

沃博太太是一位资质高雅的妇女，42 岁时丧夫，还带着几个孩子，一直从事护士工作，曾在医院病房里学习过，她后来应聘担任了南丁格尔护士学校的校长。她在任职的 27 年中，贡献很大。南丁格尔评述她说："沃博太太具有鲜明的个性，过人的能力，好像凭直觉就能理解事物，进而做好工作。"

筹办学校的时候，南丁格尔呕心沥血，写了一本专供一般妇女使用的《家用护理手册》，这本书后来成为她最著名、行销最广的著作。《家用护理手册》的内容，是一些基本的护理常识和简易的护理方法，主要是提供给家庭主妇，告诉她们如何维护家人健康。书中的词句活泼生动，毫不刻板，所列事项缜密翔实，十分受欢迎。

这本专门以卫生护理为主题的书，在当时可以说是划时代的巨著。它在1859年12月一出版就空前畅销，又增印好几版，甚至有人将其翻译成法文、德文和意大利文，影响深远。

读过南丁格尔著作的人，都能很清楚地感到，南丁格尔是一个慈祥和蔼、体贴入微的护士。她不但能了解病人身体上的痛苦，连精神上的痛苦她都很能体会。

她写道："不可忽视病人内心的烦恼，而一味地促其病愈。"

"病人经常犹豫不敢说出心里的要求。"

"一般都认为，护士只会照顾病人的身体，事实上，护士也应该关心病人的心理状态，给他们信心和鼓励。"

南丁格尔称出色的护士为天使。她说："对一个贫穷而恼人的伤病员能够耐心照顾，并且在他不幸病逝后仍会掩面痛哭的护士才是天使。如果只是在病房中巡视一番，统计着从昨夜到今天一共死了多少人，而一点也不伤心的护士，那就不是天使了！"

她对护理工作的要求是具有绝对的爱心，没有爱心，护理工作就完全失去了意义。

南丁格尔还说，当病人被安置在封闭的房间，不能透过窗户看到外面的风景时，感觉一定是痛苦的；当病人收到一束娇艳欲滴的鲜花时，心情一定是欢喜的；护士随时走动所发出的声音，有时会引起病人的焦虑；而病人在得到疏解之后的安详感，护士应予以及时肯定，表示理解。

"小动物也会成为病人的朋友，在笼中的鸟儿，很容易成为在病床上躺了好几年的人所喜爱的宠物。"

南丁格尔很喜爱孩子，她经常鼓励孩子去探望病中的亲人，因为孩子的天真无邪，常给病人带来生机和活力。

她也提到过饮食对病人的重要性。医院不当的饮食，每年使好几千名患者因此而死亡。牛奶和蔬菜是必需品，量的多少也很重要……

在《家用护理手册》出版 6 个月后，护士学校的设立，也即将实现。这所护士学校的宗旨，是培训护理师资，为大医院和公共医疗机构训练出合格的护士人才，而不是培训私人或特约护士。

在这一新事物周围，随时都会遭受一些反对派的挑剔。所以，学员和办学者必须步步谨慎，使自己无懈可击。诚然，护理事业的未来就要靠这些青年女子的良好表现了。

为此，接受训练的人都是经过严格挑选和考核的。但是，完全符合条件的人并不容易找到。曾跟随沃博女士多年的克露沙兰老师在一次聚会中，对学校的入学资格作了下面的说明：

普通科学生，年龄限 25 岁至 35 岁之间，对象是上层社会的佣人，以及佃农、商人、工人的女儿，她们必须具有聪明的头脑和基本的教育知识。此外，还必须绝对服从医师，并能对患者作仔细的观察和正确的报告。而且，在接受医师的命令后，能马上付诸实践，动作和思考都非常敏捷。

此外，有健康的身体、自愿奉献的爱心和不屈不挠的意志与耐心，以及身体力行的精神才有资格接受普通科的卫生教育，成为正式的学生。

另外，对于特别科学生入学资格的要求是这样的，她们必须是专家、牧师、军官、医生、商人或其他中层以上以及上流家庭的女儿，年龄约在 26 岁至 37 岁，除了受过高等教育外，还必须机灵和善良。

特别科是专为培养医院各部门中优秀的护士长而设的，

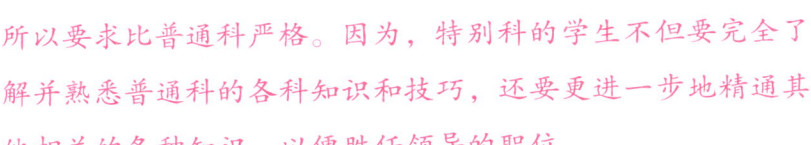

所以要求比普通科严格。因为，特别科的学生不但要完全了解并熟悉普通科的各科知识和技巧，还要更进一步地精通其他相关的各种知识，以便胜任领导的职位。

这一科的毕业生，将来到社会上服务时所必须牢记的，就是要了解自己所从事的是一项最高尚的职业，但绝不可因此而自负，必须具有谨慎谦虚的服务精神，以身作则，进而领导他人，以感化的力量代替专横、压制和喋喋不休的斥责。

事实上，这是女性从业所应当共同遵守的原则，要成就完善的事业，绝不是外在强大的力量所能达到的。

知识、经验和阅历越丰富，对事理的判断力也就越明确，因此使学识和经历相结合，绝不可以理论来代替实际，或以知识来取代爱心。以增进人类的幸福为生命的意义，愿意服务人群、愿意体验护士生活的可贵的女性，才是最合适的人选，才有资格进入特别科。

这的确是非常严格的要求，具有这等资格的女性，不仅受到"南丁格尔护士学校"的欢迎，也受到社会一般群众的重视。

这正是南丁格尔的理想，不是一个完美的女性，绝对无法成为一个理想的护士。凡是前来报名的人，都必须经过南丁格尔的审定考试，因为她能很正确地分析每个人的品格优劣，所以评语也异常苛刻而允当。

1860年6月，南丁格尔护士学校正式开学，第一期学员只有15名，培训期为1年。学员一律住宿在圣·托马斯医院楼上的"护士之家"里面。每人一个房间，一律穿棕色制服，白围裙，白罩帽。食宿、制服费用由南丁格尔基金会提供。

培训期间，每人有10英镑的生活津贴，这个标准在当时是空前优厚的。女孩子们都很勤奋，每天按时上课，由圣·托马斯医院的高级医护人员讲课。她们还要认真地听课记笔记，准备笔试和口试，并按期到医院病房做实习护士，在医生和护士的指导下做临床护理实习工作。校长沃博太太亲自观察学习和实习情况，并每月填写每个学生的学习和工作表现，归档备考。

学校在生活习惯与行为品行方面的要求，比对学科的要求高出许多。沃博夫人在严格督导学生之后，每个月要写一份"个人评鉴与学习评估"的报告书。

这份由南丁格尔亲自设计的报告书，内容项目繁多，非常细致。它分成"道德记录"和"技术记录"两大项，她规定，"道德记录"分为6个小项目：守时、沉着、自信、品行、清洁与病房整理，"技术记录"则多达14个小项目，又各自再分成12个细目。

沃博太太在每项标准上面分别写上优异、优、中、可、劣5个等级，而且还作有秘密的人物报告。

南丁格尔对这些年轻女子要求很严。因为她知道，护理事业的未来，有赖于她们的行为、气质、思想，这关系到护士培训事业的成败。

南丁格尔多次告诫劝勉护士们，必须以良好的行为来扭转人们对护理事业的偏见。学校明文规定，学员们不准恋爱，否则立即除名。不准单独离校，外出活动必须有两人同行。

除此以外，作为管理者和培训者，南丁格尔还为每个学员制订了学习计划。每人每天必须写学习日记，每月底要进行宣读，以便深入了解她们的思想状况，这使得学员更为积极主动。南丁格尔发觉有些学员的拼写能力太差。于是，她便安排学员们进行拼写训练。

南丁格尔护士学校的学生逐渐以清洁、温柔、操守良好、行为端正的面貌出现在实习病房中。因此，学校的形象逐渐从逆境中站了起来，南丁格尔成功地纠正了一般世俗的眼光。

办学的成绩很快就显现出来了，在数月之后，许多医院开始预约南丁格尔护士学校即将毕业的学生了。

1861 年年底，"南丁格尔基金会"又开始了另一项新的尝试，那就是设立助产士培训学校，这也是南丁格尔的愿望之一。他们得到剑桥大学金斯学院的协助，在产科病房添加设备，而该院的产科医生也愿意提供 6 个月的训练。

"在国外，大部分的国家都有这种培育助产士的国立学校。我相信在英国也能够实现这个期待已久的愿望，为成立这类学校打开一条道路。"南丁格尔曾这样说。

这所学校所培训的学生，不仅在医院中担任助产士的工作，也有人成为一般家庭协助妇女生产的训练师，有些地方的大地主、有钱人，也都自费送一批女生来培训，以便今后学成回乡做自己家乡的助产士。这所学校经过两年多的时间，有许多成功的贡献，直至后来产褥热流行，才告关闭。

这期间，经克劳介绍，南丁格尔结识了牛津大学的传奇人物，著名的希腊语教授本杰明·乔伊特。他们相识不久就发展成了亲密的朋友。不久，乔伊特教授极力向南丁格尔求婚，但被她拒绝了。不过，他们的友谊并未因此受到影响。他们仍保持着频繁的通信往来，南丁格尔在许多事务中都获得了"我亲爱的乔伊特"的忠诚协助。

但是，当史得尼·赫伯特去世后不到 3 个月，南丁格尔又承受了一次毁灭性的打击：亚瑟·休·克劳在意大利病逝。这次打击竟使南丁格尔木然了，"现在几乎没有人了。"她写信给道格拉斯·高尔顿说，"最近 5 年中与我一道工作过的人，只剩下我还留在这个世界上。这真是我绝对没有想到的。"

军队的首席顾问

尽管南丁格尔一直忙于护士学校的建立，但她并没有停止其他工作。人们把一切有关英军医疗卫生保健事业方面的问题，都转到她这里来向她求教。每天有很多人征询资料和各种意见。她每天都要整理记录、编制规章、写备忘录、起草指示等。

南丁格尔还凭借自己在统计、财政方面的才能，为军医署设计了一套成本会计制度。这套制度，直至80年以后仍在沿用。

那时，负责军事工程建筑的是道格拉斯·高尔顿。他也像史得尼·赫伯特一样，十分重视南丁格尔的意见。通过高尔顿，她成为当时新建的营房医院设计方面的首席咨询顾问。

与此同时，又有一项艰巨的任务落到了南丁格尔的肩上。史得尼·赫伯特去世后，印度卫生调查团工作的重担就移交给她了。还是在1858年时，她就已经发现当时根本找不到一份权威的资料，来了解驻印度英军的卫生状况。因此，她决定亲自动手，积累有关印度的第一手资料。

之后，南丁格尔与专家们一起，设计了一个"情况调查登记表"，寄往印度各地兵站。

1860～1861年，这些调查表陆续地从印度寄回来。她开始深入分析研究这些报告。助手是克里米亚时期的同事，苏格医生和统计专家法尔爵士。

这些调查统计资料后来形成了一本1000多页的调查报告书。当时南丁格尔不是印度卫生状况调查团成员，但还是被邀请为各兵站的这些调查报告写编者按语。

接下来的一段时间，南丁格尔完成了总题为"南丁格尔小姐的意见"的编者按语。人们还不知道，多少年来驻印度英军一直像苍蝇一样一批接一批地死去，年平均死亡率高达7%。"营房病"加上印度地区属热带气候，特别是和那些生活在污物中的当地居民接触频繁，驻军士兵的死亡率要比国内驻军高出100多倍。

至于营房条件，有份登记表上填写着："每间营房住士兵300人，尚非不堪忍受的过分拥挤。"南丁格尔看后问道："那么，什么叫'可以忍受的过分拥挤'呢？"营房内都是泥土地面，按当地习惯涂以牛粪。有关饮用水的情况，调查表填写着："气味尚可"或"气味难闻"。根本没有排水设施，厕所很少，也根本没有洗浴条件。

但是，纠正这些现象却涉及一个新问题：如果只把兵营和医院条件搞好，而附近的居民区仍是一片污秽，那又有多大的意义呢？

南丁格尔写道："要拯救驻印英军就必须搞好整个地区的卫生状况。"军队的保健工作同当地居民的保健工作是休戚相关的。从根本上看，由于"饥饿是对人民的经常性威胁"，而饥饿是会滋生疫病的。她的思想认识又进一步深化：要改善卫生先要发展水利灌溉，首先需要使印度人吃饱肚子。

根据她的意见，英国在印度实施了一系列重要改革措施，并取得了积极的效果。

事实上，南丁格尔本人以前从未去过印度，后来也不曾去过，不过，在她此后的余年中，许多终生在印度工作的人，都到她这里来求教。尽管最初她的努力似乎未见成效，但最终，她倡导的改革计划都实现了，如以乡村为单位普及、改善卫生状况的教育，城市中铺设排水管道，改进公共场所的卫生环境等。

在某种意义上，南丁格尔在印度医疗事务中所占地位的重要性，远远超出了她在陆军部的意义。但是，史得尼·赫伯特去世以后，南丁格尔就少了一份协助的力量。

当赫伯特就任陆军大臣时，南丁格尔就是经由他这扇门，才得以进入了官僚的世界，因此对她产生了极大的影响。由于她深谙军队管理与营运的方法，也因而作出了不少成绩。

可是如今史得尼·赫伯特已经不在了，她自然也不会继续留在陆军。南丁格尔此时十分清楚自己一生该做的工作，而现在可以说都一一完成了。但是，她的健康也因此受到了严重的威胁，几度倒下，旧疾又逐渐复发了。

她感觉非常疲倦，很想一个人静静地过日子。事与愿违，她还没有得到充分的休养，就必须再振奋起来。

1861 年 4 月，美国南北战争爆发。

到了 10 月，美国华盛顿的陆军长官，委托南丁格尔协助建设医院，照顾伤兵，所以她就把英国陆军的资料统计及其他相关记录寄到华盛顿。

她在 1857 年皇家调查委员会成立之前，也曾把这些资料寄给美国华盛顿护士会会长蒂斯克。同年她也收到英国陆军当局的紧急求助函。因为英国和美国北方各州的情势十分紧张，因此政府就很快把增援部队送到加拿大。12 月 3 日，德格雷马上写信给南丁格尔，请教她有关运输军需物资和远征军卫生必需品的事情。

南丁格尔的身体更虚弱了，可是她却努力地强打起精神，重新作了各种企划，给远征军的将官作参考，而德格雷也转告她的企划案全部被采行。

她在确定输送的平均速度之后，就把到加拿大的远程距离、运送伤兵所需的时间加以计算：她把接力运送的方式，必要的中途基地应设在何处，还有每一处基地需要做何准备，都具体计划。她处理事情细密周到的能力，依然没有减退。

她也不断修正军中运输的计划，提供意见，也不时地拿克里米亚战役中斯卡特里的情形督促他们。在艾伯特殿下的仲裁后，战事平息了，两周之后，殿下也因不治之症而去世了。战事虽然停止了，却由于一连串紧锣密鼓的工作，迫使南丁格尔不得不暂时忘记自己的健康而再度走上工作岗位。

南丁格尔的身体越来越衰弱了。

1861 年的圣诞节前夕，她曾一度病危，数个礼拜之间，她在生死边缘挣扎。最后，她顽强的体质终于得到了意外的胜利。1 月中旬，她已能够从床上起来了。

此后 6 年，她一直缠绵于病榻不出房间一步，就连搬家也是别人帮忙搀扶着。搬了家之后，她更看不见外面的繁华世界，围绕着她的只有四面墙壁。

为了使她有一个安静、舒畅、美丽、清雅的环境恢复身体健康，大家都建议她住到里哈思特或恩普利等豪华住宅里，但她坚持要住在伦敦市郊区旅馆或租赁的房屋。

大概是为了工作上联络的方便，她才坚持不肯离开伦敦吧！但是她又经常对旅社和租来的房子感到不满，在这种进退两难的状况下，她只好经常搬家。

南丁格尔曾在一年内换了 4 个住所，后来女王知道了，便邀请她搬到辛特骊宫里去，而巴尼大臣也愿意把位于伦敦南街的房子让给她住。此后，她才停止漂泊不定的生活，定居在这栋位于海德公园附近的幽静住宅里。

南丁格尔对英国陆军的影响力依然继续存在，而她的立场已由领导者转变为顾问，十分受重视。

凡是有关英军健康管理方面的问题，都被引荐到南丁格尔那儿寻求解决的办法，而此时，她只不过是一名长卧病床、足不出户的女性，但她从不含糊，总是尽心相告、倾囊相助，她简直成了英国军队的直接顾问了。

改革贫民医院

到 1865 年夏天为止，南丁格尔已经 8 年未曾回家了。

母亲樊妮已是 78 岁的老妇人了。她视力衰退，又因为最近从马车上摔下来受了伤，身体一直没有复原。樊妮正被那些因受伤而带来的后遗症所折磨着。

8 月，正是一家人迁往里哈思特的时候，因为樊妮尚未康复，所以南丁格尔就回到家中，陪伴母亲。垂垂老矣的樊妮，晚年十分孤寂。曾经是她谈天说地的对象芭兹，因婚后住在英格兰东部，忙着做"贵妇人"和"小说家"，所以无法经常与母亲做伴。

在恩普利庄园的家人，为了迎接南丁格尔的归来，特地为她安排了 6 间房间，以免她的生活受到干扰。而她在返家后也的确一直埋首于工作之中，除了探视母亲之外，绝少出房门一步。

离家多年的南丁格尔，此时与母亲的相处是融洽的，她深信自己依然是爱母亲的。那年，她一到达恩普利庄园，就写信给梅雅莉："母亲虽然年事已高，身体也因为健康的衰退而不自由，但令我感动的是，母亲比过去温和慈祥，凡事也都能想得开……"

南丁格尔是一个对任何事情都要求严格的人，

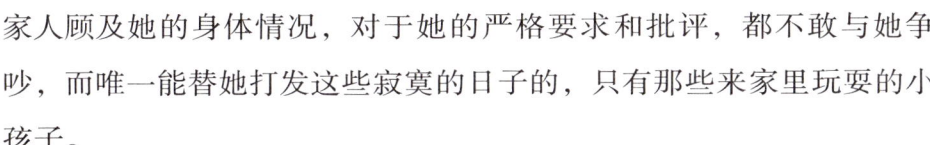

家人顾及她的身体情况，对于她的严格要求和批评，都不敢与她争吵，而唯一能替她打发这些寂寞的日子的，只有那些来家里玩耍的小孩子。

中年以后的南丁格尔，时常从孩子和小动物身上找到一些慰藉。她爱好养猫了。工作的时候，也有一只脖子上扎着花结的猫儿陪伴着她。她养的猫多达 6 只，它们满屋乱窜，在她的文件、信稿上，都留下了许多爪印儿。

如今，这些爪印儿在她留给后世的许多文稿、报告、信札中，还清晰可辨。诗人亚瑟·克拉夫的孩子，就曾在南丁格尔家中嬉戏，得到她的喜爱，事后南丁格尔写信给克拉夫夫人说：

> 当这个孩子穿着法兰绒的外衣来见我时，他一脸端正威严的样子，我马上就喜欢上他，接待他坐下。这个孩子挺直着身子坐在椅子上，一句话都不多说。
>
> 当脚边的猫儿"噌"地一跳，跳到他膝上时，他大方而稳重地伸手抚摩它，又好像是轻声在对猫儿说话一样，猫儿也就温顺地卧在他怀里，仿佛已被这孩子的威严所臣服。
>
> 后来，他伸出一只脚，要我为他暖暖，当我轻握他的小脚时，他那小脸蛋儿笑得像春天的花朵。不一会儿，他向我摇手告别，依然不说一句话……

这年夏天，南丁格尔的时间几乎全为贫民医院、病人看护设施的计划所占据。

早在 1861 年间，她曾收到一封寄自利物浦的信，是由一位叫威廉·拉斯明的人写的。这个人从年轻时起就是地区福利协会的名誉会员，经常去访问利物浦的贫民区，探视卧病在床的贫民。他在 1859 年的时候设立了地区护士会，就在自己所在的地方，和一位专职的护士一起开始工作。

但是，只有一名护士，是无论如何也忙不过来的，其他工作也无法开展。于是，他打算自费创立一个护士会，来照顾那些卧病于家中的贫民。这些护士必须是富有责任感，值得信赖，而又具有丰富的经验的人，但这些专业护士得之不易，因此，他就向南丁格尔求助。

南丁格尔就建议他，先开办一所护士训练中心，同时和利物浦的国立医院约定好，凡是由此中心结业的人，一定允许进入医院实习。因此第二年，威廉·拉斯明就遵照南丁格尔的建议，设立了护士培训学校，并与国立医院保持关系，一切进行得十分顺利。

威廉·拉斯明虽然非常富有，但是他生活俭朴不自私，为人也很慈祥，富有爱心，这使南丁格尔由衷地敬佩，两人遂结为好友。而威廉·拉斯明对南丁格尔的敬爱更是无穷尽的，自从她搬到新家以后，他曾送给她一座花台，并固定每周派人来换新鲜的花。

拉斯明时常到贫民收养所访问，同时也致力于照顾贫病的居民。他同情贫民区的贫民，但觉得贫民收养所的病人更可怜，因为他曾经多次亲访利物浦的贫民医院，十分了解其中照顾病人的情形。

两年后，威廉·拉斯明着手贫民医院中护士工作的改革。为了此事，拉斯明频频与南丁格尔书信往来，对于如何训练专职护士、如何申请使护士顺利进入贫民医院，以及怎样才能得到教会的协助等问题，两人热烈讨论，交换意见，联手向管理贫民医院的教区教会挑战。

"好像我们要占领贫民医院似的，甚至好像我们有侵占整个英国的野心似的，凡是我们所提出来的要求及各种约定，在教会中一直被讨价还价一样地热烈讨论着……"

南丁格尔如是说。

好不容易在1865年3月得到了许可，于是他们马不停蹄地展开伦敦贫民医院的改革工作。

1865年12月，住在伦敦贫民医院的提摩西因为被安置于卫生状况不良的地方，又缺乏适当的照顾而死亡。此事传开之后，社会为之哗然，纷纷对其进行指责。

南丁格尔趁着这个机会，根据贫民救济法，用巧妙的手笔写了一封信给救贫厅的厅长查尔斯。

"提摩西事件已经明显地暴露出贫民医院护理情况的缺失，改革的工作必也急如燃眉，否则将有更多的贫民受此之害，因此我才敢冒昧地写这封信给您。而实际上，在利物浦的贫民医院，已经有一群南丁格尔护士学校毕业的专职护士正在进行改革的工作……"

大约到了 1866 年 1 月底，查尔斯厅长竟亲自前来拜访南丁格尔。查尔斯举止优雅，谈吐不俗。会谈之后，两人很快成为好朋友。他们不止谈到贫民医院护理工作的改革，也连带谈到许多相关的问题。

南丁格尔认为，贫民医院中的问题丛生，如果只是头痛医头、脚痛医脚地改革护理工作，而不从医院整个管理方面的缺失着手的话，情形仍然得不到改善。所以，她对厅长说，可以利用提摩西死亡的事件为机会，请求详查贫民在医院中所受的待遇等各种问题。

到了 3 月，南丁格尔护士学校的护士，才被批准进入利物浦贫民医院。5 月 16 日，12 名护士和阿格妮斯护士长就进入医院展开工作。

一直令南丁格尔担心的是这个护士团所表现出来的耐心、品格和机智。

在贫民医院，任何事情都要自己动手做，摆在她们面前的工作，是重大的考验和挑战。幸好，这位年轻的护士长相当优秀，能力很强。南丁格尔曾写信向梅雅莉描述她："阿格妮斯年轻、机智而富有活力，容貌也很美。"

不只是美，阿格妮斯还有着殉道者的胸怀。她也明了这份工作带来的恐惧，开始时虽想拒绝，但良心不许可，她或许受过神的召唤吧！当她受到南丁格尔的邀请时，必也经历了激烈的内心挣扎和对神的祈祷，因此，数天后，她就毅然回函说，愿意接受这份工作。

后来，南丁格尔在一本"福音杂志"上写了一篇文章，描述了这名护士长工作的情形。阿格妮斯曾在几所大医院服务过，据她所说，在来到利物浦贫民医院之前，她真的不知道什么是罪恶和邪恶。她以为贫民医院的病房是世界上的地狱，不道德是应该的，而不清洁也是理所当然的。

病人7个礼拜都穿着同样的衣服，寝具一个月只换洗一次，食物少得不足以果腹……阿格妮斯于是想到专职护士的前途似乎是黯淡的，但是南丁格尔鼓励她说："一切好像是斯卡特里的劳苦又重新来过一样，我们必须咬紧牙关，努力冲破难关……"

随即，情况开始转变了。在阿格妮斯护士长的监督下，一切都得到了初步的改善，阿格妮斯的优异才能开始发挥作用了。

有些年老的妇女来探视住院的丈夫，她们都说，自从伦敦这群护士来了之后，贫民医院大有起色；来此开展慈善工作的妇女们，也都很赞美阿格妮斯。所以有许多医生要求更多的护士来支援，因为阿格妮斯的成果丰硕是有目共睹的。

特别值得一提的是，自从她们来到这之后，医院所支出的经费比以前少多了。阿格妮斯说，这是因为请一些专职护士来照顾病人，既不浪费多余的钱，又可以好好照顾他们。

以这个成果为背景，南丁格尔力促阿格妮斯发起修改有关法律的运动。因为，要改善贫民医院中各种不良的习惯和情况，需要在新的财政管理政策下才可顺利推行。为了实践改革的工作，必须让议会重新制定有关的法令。

虽然救治贫民本身无法主动修改法令，但南丁格尔认为并非毫无希望，她需要再度借助查尔斯厅长的力量，因为目前伦敦方面提出的所有贫民医院的调查结果所显示的各种弊端，已经不能弃之不顾了。

首先要做的是，对于现有种种问题所引发的悲剧务必要改变观念，不能视而不见。

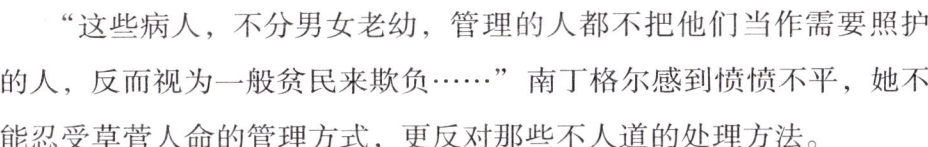

"这些病人，不分男女老幼，管理的人都不把他们当作需要照护的人，反而视为一般贫民来欺负……"南丁格尔感到愤愤不平，她不能忍受草菅人命的管理方式，更反对那些不人道的处理方法。

她在改革草案中提到，要把一般病人、精神病人和绝症病人分到不同类型的病房，而不是杂处在一起。她还提议，在伦敦所有的医疗设施中，应该要以一个管理机关为中心统筹管理。

她的申请书查尔斯厅长看过之后，认为陈述中肯平实，提议也很周到确切，应该马上采纳，作为立法的根据。

但是好景不长，1866年的春天，因为贫民医院的改革案在议会中成为激烈而尖锐的争论焦点，查尔斯怕失去政府的支持，就没有将提案提出。6月，查尔斯辞去了厅长的职位，由哈第接任，伦敦贫民医院法没有获得立法就流产了。

10月份，哈第厅长组织了一个委员会来调查有关贫民医院的问题。这个委员会由卫生专家及医疗专家组成。调查事项中有关护理方面的疑问，哈第并未主动请教过南丁格尔，南丁格尔也碍于自尊，暂且不动声色。

但后来委员会要求她提出意见书时，她马上抓住机会，把贫民院、贫民医院建筑构造，院内设备及护理的管理列为要点加以讨论，还将意见书印刷妥善，附信寄给哈第。可是哈第并没有和南丁格尔联络，以后也没有找她参与的动向，以至于在次年的2月8日，哈第突然提出"伦敦救贫法"时，南丁格尔等人都大为吃惊。

南丁格尔她们都有一种受骗的感觉。而在法案中，对于病人护理的改革，并没有什么直接的规定，所以南丁格尔就更加不悦。不过，法案本身的确有些地方比过去进步了很多，南丁格尔虽然感到失望，却并不感到痛苦，在法案通过之后，她反而有些高兴。

"我们总算得到一点欣慰，因为2000名的精神病人和天花患者及孩子们都可以转离贫民医院。为了减少教会财政的负担，病人所需的费用均由公费支出，而医生、护士长及护士的薪水，由伦敦财政当局支付……为了这些病人，经由救贫厅的指令，还要再成立一个新的委员会，这的确是改革之始，不久之后相信应该会有更大的收获。"

就这样，又一场战斗结束了。南丁格尔得到休息的机会，然而她并不让自己休息，从1867年6月开始，又继续她的工作。在成立助产士培训学校的时候，南丁格尔发现手边没有产妇死亡率的确实统计。因此在沙医生的协助下，她开始统计数字的收集工作，而这些工作并非那么轻而易举。

有些医生害怕秘密被公开，而将事实隐瞒；有的医院及医生甚至连各种数字的资料都不愿提供。

1867年的春天，胜利的消息传遍了利物浦，因为地区单位的护士急速扩张。利物浦分为18个地区，每个地区都各自拥有正规的护士。在利物浦贫民医院，过去由威廉·拉斯明支持的新计划所需的费用，现在正式由教区委员会负担。

在阿格妮斯的领导下，贫民医院的病房也有了新的面貌。这的确是胜利的情景，但随着冬天的来临，这幕情景也消失了。

1867年的冬天，正是失业与贫穷夹攻人们的时候，阿格妮斯已经因工作繁重而筋疲力尽，但是病房的患者增加，工作量加大，早就超出她的能力所及。

寒冬来袭，阿格妮斯还有1350个病人要照护，为了争取他们的生活必需品，她不停地奋斗，凌晨1点还不能就寝，而天不亮又得起床。偏偏此时发疹伤寒开始流行，阿格妮斯自己染上重病，在1868年2月19日去世了。她在临死前对南丁格尔说："我好累好累！"她的死是一幕悲剧，因为没有人能代替她。

由于护士及身负督导责任的护士长大量不足，所以必须由那些态度稳重、受过教育的女士来担任。但在克里米亚战争时的教训表明这是有困难的，那些曾经争论不休的"有身份的女性"和"修女护

士"，如今仍旧充满憎恨与不满。

南丁格尔却认为，护士的工作不仅仅是洗衣打扫，不是任何阶层的女性都能够平等地接受护士训练，那些自愿奉献自己的修女护士，在一般人心目中留下较深刻的印象，但是真正需要的是那些受过专业训练、有能力的正规护士。

"得不到报酬又被要求奉献自己发挥护士的能力，这实在是很不合理的！"她说，"如果要我去成立一个义务的修道院，不如叫我为可领到高薪的护士开一条路！我的原则是对于各种阶级、宗派的护士，又具有必要的道德、知识及身体上能适应的所有女性，都应给予她们最好的训练环境。受过训练的人，毋庸置疑地可以升到督导者的地位，这不是因为她们有身份，而是因为她们受过专业训练和教育！"

南丁格尔护士学校的护士，都是具有专业知识，有能力又受过教育的女性，却也充满了优越感。但是南丁格尔说："不可原谅的自满，正是我们护士的最大缺点！"

要引导激发新护士的热情，也是件不容易的事。她们很容易变成热情的俘虏，过于狂热变得意气用事，发生感情冲突；甚至有的因为宗教信仰的不同，加上过于狂热，很容易互相争执，这些都不是南丁格尔乐于见到的。

南丁格尔虽然对多项事情力图改革，但她也尽量避免由此引起那些护士的不满而心生反抗。对于那些反抗的护士，她也从不一味地责骂她们，而是从观念上来纠正和改变她们。

进行这种教育在当时的英国是很艰难的。后来在 1869 年，她写信劝导一位爱"造反"的护士说："难道你以为，我是靠捣乱、作对、发脾气成功的吗？我曾被拒于医院门外伫立在雪地里，我在上级命令派遣下率领的护士队却遭冷遇、敌视和刁难，不发给我们口粮达 10 天之久。这些事情一经解决，第二天我就同制造了这些困难的官员和好如初。为了什么？完全是为了我们所从事的事业。"

成立国际红十字会

　　南丁格尔致力于贫民医院改革，但最终还是宣告流产。这使得他悲伤不已，尤其是阿格妮斯的死，贫病交加中的人们最需要的救护者，自己却先被死神带走了。她又想起了在斯特卡里的严冬里死去的护士、医生。这使南丁格尔痛感到，社会需要更多的合格的护士，必须有更多的人来开办护士学校，她必须为此而做更多的事情。

　　从此以后，她不遗余力地支持国内外的人士兴办护士学校、护士培训班之类的计划。她曾经坚持非常严格的办学、入学标准，但她现在认识到这必将大大延缓护士的大批出现；因此改为主张在办学之初可以适当放宽一些，而加强在办学过程中的指导，促其逐步提高。

　　即使是在遥远的国家里，即使语言、信仰不同，即使她没有受到提出指导、建议的邀请，只要她知道有人在办护士学校，她也要主动与之联系，提供力所能及的帮助。她相信，只要有为病人着想这个共识，什么障碍都可以打破，她愿意为此而承受一切敌意和难堪。

　　观念的转变促使南丁格尔后来在拓展壮大护理事业方面采取了更积极、更开放的态度，而这也的确大大促进、加快了她为之献身的事业在全世界的普及与胜利。

　　从1867年6月开始，南丁格尔又着手进行产科护理的正规化、科学化研究。早在1861年年底成立助产士培训学校时，南丁格尔就发现很难找到产妇死亡率的确切统计材料。

　　在贫民医院改革告一段落之后，她便腾出一些精力来，在一个产科医生的协助下开始搜集有关的数据。这项工作进展得并不顺利，有些医生和医院为了避免被追究医疗责任，故意隐瞒事实，持不合作态

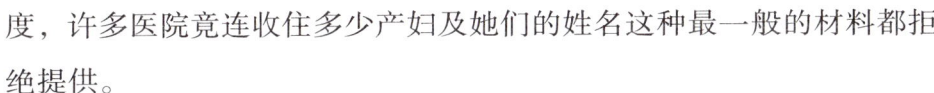

度，许多医院竟连收住多少产妇及她们的姓名这种最一般的材料都拒绝提供。

但是，南丁格尔和她的协助者通过不辞劳苦的调查仍然了解到一些问题的真相：一些产科医院里的病人死亡率，竟然比产妇在自己家中生产，没有卫生消毒设备与助产婆情况下的死亡率还要高！这种惊人的恶劣状况再也不能任其继续下去了！

南丁格尔与协助她的医生历时 3 年，收集了大量个案和有说服力的病例，并在 1871 年整理出版，书名为"有关产科医院的序言"，意为产科医护应当结束其黑暗摸索时期。这本书问世后产生了很大震动和影响。产科科学化的改革序幕由此而拉开。

19 世纪 60 年代，欧洲还有一个重要事件，即国际红十字会的成立。这个红十字会得到了南丁格尔的指导。但是由于她此时正在进行有关印度几百万人口公共卫生的试行办法，因此她婉言拒绝了邀请。虽然如此，她仍然适时地提出意见，至于会中的各项活动，也都接受她的指导。

南丁格尔从野战医院的营运、工作人员的服装和使用器具的设计，一切有关的具体问题都予以建议。她还写信给陆军当局的官员，并直接与志愿兵晤谈。另外，她还指导和监督补给物资的购进与运输。

19 世纪 60 年代末期，意大利的统一战争演变为意大利与法国为一方，奥地利为另一方的大规模战争，其中最残酷、激烈的战役，是1859 年 6 月发生在意大利北部的沙发利诺战役。

当时，年仅 31 岁的瑞士银行家、企业家与慈善家让·亨利·杜南，正在北非的阿尔及利亚经营谷类加工厂。他为了扩大业务前往巴黎，恰在激战之际途经沙发利诺，亲眼目睹了惨烈的战争场面。这场战役中，交战双方共死伤 40000 余人。战场上尸横遍野、血流成河，受伤士兵竟得不到任何救护。杜南立即终止旅行，充当起伤兵救护来。但个人的力量是微薄的。

杜南彻夜难眠，噩梦不断，战场上那些因得不到及时救治而濒临死亡的士兵们那惊恐的双眼和悲号哀鸣在不停地刺激着他。这时候，克里米亚战争中南丁格尔提灯夜巡的形象在他头脑中浮现出来，要是每个国家都有一个或多个南丁格尔该多好啊！可那怎么可能呢！不可能？那就让所有有志于学习南丁格尔的人都参加进来，成立一个中立的战场救护组织，对交战双方的伤员都给予及时救治吧！杜南的头脑兴奋起来。

事情只是说一说是很容易的，但要成立一个各国都承认和信任的、有影响力的国际组织，那就不容易了，何况还要令各国政府接受这样一种理念，即只由交战国派出救护人员救治本国伤兵是不够的，应当允许中立的救护人员对双方伤员都一视同仁地给予救治，那就更难了。

困难？难道比南丁格尔小姐一个弱女子面对强大的世俗和官僚、教会时的困难还大吗？难道我就不能像南丁格尔小姐一样，为挽救战场上那些可怜士兵的生命尽自己的力量吗？如果不是战争，他们和绝大多数人一样是善良、快乐的人！杜南下定了决心。

为了向欧洲各国朝野人士宣扬自己的主张，1862 年，杜南出版了《沙发利诺回忆录》，书中回顾了南丁格尔的战地业绩，并首次提出了"准许医护人员进入战地救治双方伤员"的观点，并对成立相应的国际救护组织也勾勒出基本轮廓。这本书很快传遍欧洲大陆，引起了有识之士的重视和共鸣。

接着，杜南和志愿者又开始为筹建这一国际救护组织展开游说与募捐的活动，他自己带头捐了很大一笔钱，各界人士也纷纷解囊相助。

1863 年 10 月 26～29 日，经过杜南与日内瓦公共福利会主席居·莫瓦尼埃等人的努力，在日内瓦举行了有英、法、德、瑞士等 14 个国家的 18 位正式代表、18 位列席代表参加的国际会议，讨论通过了《给战场上伤病员以人道主义》的决议。

其要点为，伤患士兵不论国籍均一律加以救治；医院及看护工作者应视为中立者而得到尊重，准许进入战场，不得对其开枪射击或加以阻挠。

为了表彰东道国瑞士为大会作出的贡献，同时表示对瑞士人杜南的敬意，代表们一致同意以瑞士国旗的图案和相反的颜色即白底红十字作为战地救护组织的标记。

在次年召开的第二次国际会议上，确定成立国际红十字会。1869 年 8 月，在各国政府参加的日内瓦外交会议上通过了日内瓦国际条约，对国际红十字会予以官方确认。就这样一个看起来似乎不可能的计划，在杜南和有识之士的奔走下，竟在短短的 10 年时间内完成了！

1872 年，伦敦红十字会成立。在成立仪式上，杜南应邀发表演说。他激动地说：

> 大家都认为我是红十字会与日内瓦协定的创始人。可是这个组织与协定的产生，事实上因为受到一位杰出的英国女性的强烈震撼和启迪，那就是曾在克里米亚英勇奋战的南丁格尔小姐……

由此，杜南被人誉为"国际红十字之父"。而南丁格尔则被誉为"国际红十字之母"。

至爱双亲的去世

樊妮的晚年很是寂寞，这种情形，当然是她年轻时所无法预料的。本来，她和芭兹一直有很多的交往，母女相处得也非常融洽。芭兹在结了婚以后，便"改弦更张"，开始迷醉于她自己的生活里，俨然是个地道的贵妇人。樊妮曾为长女的出嫁欢欣鼓舞，但是现在，由于没有她做伴，自然感觉分外孤独。

1866 年 8 月，威廉因事外出，南丁格尔便留在恩布利花园陪母亲暂住。母女俩在这次团圆中起初也很亲热，毕竟是多年没有很好地相处了。南丁格尔在致克拉克小姐的信中写道：

> 母亲现在处于孤单的状态，我并不愿意看到这一点。但是，几天以来，我强烈地感觉到，我们之间能够融洽而和谐地相处，我们每天在一起聊天、回忆过去的事情。有时候，她的关心和体贴令我非常感动。

1868 年夏天，南丁格尔遇到了难题。时任首相很有自己的一整套"思想体系"。他认为和平时期，应当大力发展经济事业，而军队是一种"多余"的组织机构，只是徒增开支，根本不符合社会发展的需求，因而，他并不支持为提高士兵的福利待遇而增加预算开支，包括医疗事业在内。

而此时南丁格尔自己的病依然存在，但并无恶化或死亡之虞，甚至可以说，这时的她是自克里米亚回国后的 16 年中最坚强的时候，也或许是她产生了隐退的念头。

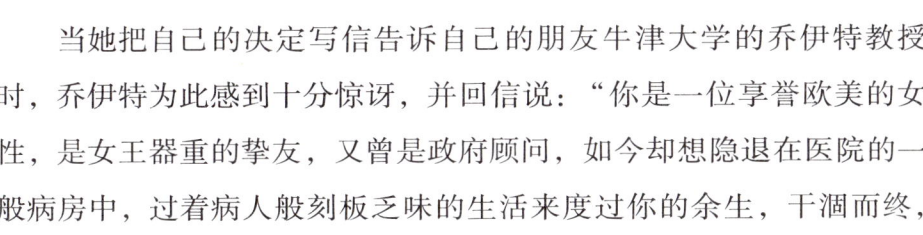

当她把自己的决定写信告诉自己的朋友牛津大学的乔伊特教授时，乔伊特为此感到十分惊讶，并回信说："你是一位享誉欧美的女性，是女王器重的挚友，又曾是政府顾问，如今却想隐退在医院的一般病房中，过着病人般刻板乏味的生活来度过你的余生，干涸而终，请你三思！"

一封好友的来信，一番诚恳的劝告，打消了南丁格尔的念头，而此时，南丁格尔护士学校也产生了一些危机。由于南丁格尔分身乏术，没有办法完全集中心力于学校的事情，等到她回头关照时，她发现原先建立的体制与规章已经逐渐在瓦解了，所以她有必要尽快重新组织学校加以改善。因此，她亲自制订计划并决心要将自己全部的生活奉献给学校和医院。

然而，在南丁格尔的一生中，似乎注定了每在有所决策之时，总有些阻碍。

1872年夏天，她必须返回老家。这个时候樊妮已是83岁，威廉77岁，都已是年迈多病，家业管理成了十分艰难的负担。对此，南丁格尔不能不硬着头皮面对。她感到，她无论如何不能回避，命运注定她必须负担起管家人的责任。这样，在很多次类似的经历之后，她又一次被迫陷入了家庭的樊篱。

父母只能依靠她，她是父母的女儿，她的责任，尤其是她的良心，不允许她把父母抛开不管。如同过去一样，恩普利的生活带给她很多欢乐，但同时又使她窒息。她是那样敬业的一个人，因此，每当想到伦敦的工作任务正堆积如山，想到人类护理事业的全面发展还有很长的道路要走，她总是坐卧不安。

1872年，她焦虑了一整个冬天。春天一来，她再也按捺不住了，无论如何一定要去伦敦，但她不得不带着母亲一起去。

一到伦敦，南丁格尔就埋首于护士学校的重建工作。首先要做的是加强护士技术的训练，列出标准，并要求学生配合专任教官可洛夫所规定的读书报告，接受不定期的检查。数日之后，可洛夫向南丁格尔报告说，学生各项考试与过去相比，已有了显著的进步。

另外，南丁格尔认为护士所受的训练和教育是一体两面，同等重要的，也可以说，前者是技术、知识的演练与学习，后者则是人格品行的培养。为了改进磨炼人格的方法，南丁格尔采取了有效措施，增加了校长辅助者，辅助者既是学生的朋友，也是学校与学生之间的桥梁，并随时鼓励学生规范他们的言行。

但是，学校中各项教学的影响力，都比不上南丁格尔本身的影响力，她是学校一切调度的支配者。当学生结束了训练后，南丁格尔都会与她们面谈，也利用这个机会作学生个人的人格评估，并附在学科考试成绩单上。

由于她再度如愿以偿地接触了她热爱的工作，她感觉自己正在又一次地充实起来。但到了6月底，年迈的樊妮突然病倒了，南丁格尔无奈，只好放下工作，又同母亲一起回到恩普利花园。

然而，正所谓祸不单行。

1874年1月，父亲威廉在楼梯上不慎滑倒，一句话也没来得及说便去世了。南丁格尔号啕大哭。毕竟，在家人当中，她同父亲感情最深，也只有父亲最早理解了她。她爱父亲，也感谢父亲。威廉的去世，让她感到无比悲痛。

父亲的家产都遗留给了南丁格尔。母亲樊妮因丈夫离去此时孤孤单单，更为不幸的是她已经双目失明，每天活在黑暗之中，必须有人照顾。南丁格尔为了母亲和琐碎的家事，又搬回了恩普利。数周后，经不住母亲的要求，她带着母亲回到里哈思特，结果一待就是6年。为了照顾母亲，她不得不用尽自己的绝大部分时间。

此后的6年，南丁格尔只能从繁忙的家事中尽量抽出时间多做些工作，樊妮因年迈而神志不清，以至于形同"植物人"。

在这样的情形下，姐姐芭兹和克拉克小姐都认为，南丁格尔不妨

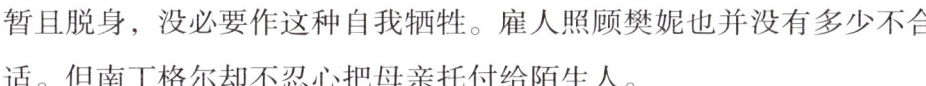

暂且脱身，没必要作这种自我牺牲。雇人照顾樊妮也并没有多少不合适。但南丁格尔却不忍心把母亲托付给陌生人。

孤苦无援的人一向会在南丁格尔心中激起仁爱的感情，更何况是自己的母亲。尽管自己也已步入知天命之年，但她仍以毕生所学，精心护理已至痴呆境地的母亲。

那段时间南丁格尔经常感到失意和良心不安，不能顺心地工作，对她而言像是遭受了无情的失败。她也常想念过去一起共事的朋友，那些支持她的同道人。如今想来她觉得自己的过去，甚至现在都在一点一点地消失了。

"我的朋友一个接着一个地离开人世，离开了我，如今只剩下我一个人……"

虽然如此，她仍然把南丁格尔护士学校的监督工作做得很好，只要一有机会来到伦敦，她一定会见学生或校友。在校学习的人，每个人都和她保持着密切的联系，她也常和毕业的护士通信。很多学习期满即将毕业的护士，都舍不得离开她。南丁格尔不允许她们在固定工作之外兼职。受过她督导的护士，也都进入她所推荐的医院工作，后来还常接受南丁格尔的指教。

南丁格尔对待护士们都非常亲切慈祥，她有时设宴招待学生，也有时差人送去大批的食物与鲜花给学生。当有的学生到了新的工作单位，她总不忘用鲜花去迎接；如有的学生生病了，她就做好特殊的食品送去；有的学生工作情绪或精神不好，她就出钱让她们去散散心；她还准备了一间客房，供她们做客时使用。

她之所以表现得无微不至，就是要让护士知道，南丁格尔永远都在支持她们。她经常写信告诉学生，护士的职业是神圣的，上帝时时刻刻都在眷顾着她们……这些点点滴滴的关爱，都已深深烙印在她们每一个人的心中。

南丁格尔的努力得到了回报，那些护士也一直领受着她的勉励。

在世上的每一个角落，都有护士来信称呼她"亲爱的老师""我所敬爱的恩师"、"我挚爱的朋友"……南丁格尔护士学校，已完全将南丁格尔个人的风格融入其中。

那些在外地或国外的护士回到伦敦，探视老师必不可免，南丁格尔为此专门准备了一间宽敞舒适的客房，开玩笑地称为"鸟窝"或"袋鼠妈妈的袋子"。

1887年是英国维多利亚女王登基50周年大庆。南丁格尔也把这一年看作是自己的大庆，因为这一年也正是"上帝的声音"召唤她整整50周年。到这一年英国国内至少有16所医院的院长都是南丁格尔护士学校的毕业生。

南丁格尔护理学校培训出来的护理监督们还带领护理师资到了美国、德国、澳大利亚、锡兰、印度、瑞典、加拿大。在国外，按照这个学校的样板，又建立了4所这样的学校。

可以说，南丁格尔已经成功地将科学、文明的护理工作从修女的义务中剥离出来，并将护士的工作从污水沟一般低贱的地位提高到被社会尊重、认可的应有高度。这是对南丁格尔一生奋斗的最好告慰。

从1880年起，南丁格尔就致力于地段护理工作，只因为缺乏经费，未能普遍推广。这个难题后来由维多利亚女王亲自解决了。女王把全国妇女作为"妇女节礼品"的捐赠资金的大部分拨给了南丁格尔，专门用于贫民家庭的护理工作。

"妇女节护士协会"成立了，这既是对女王登基50年的铭记，更是对南丁格尔风雨半个世纪的纪念。

但随着年龄的不断增大，生命的秋天正步步踏来。南丁格尔对许多事都已看得很开，抱着豁达的态度不再懊悔往事，也不再苛刻地追求完美，对一切身外之物都看得很淡，更多地享受着自己的生活。

天气好又没有客人来访的日子，南丁格尔常常坐马车到伦敦市区的公园里兜风，或到郊野散心、漫步。马车窗经常半掩着，她还是怕

被人认出来。而在家中她也从过去不屑的琐事中感到了乐趣。

她每天的工作分为两大段：上午和前半夜。每天必有的两大内容即写信和记日记。给护士们回信，给遥远的村庄里的老兵回信，给一切关心支持护理事业的热心人写信。

1880年2月2日，92岁的樊妮结束了她的生命，平静地离开了人世。南丁格尔的泪水从脸颊悄然滑落。她不免想到，多少年来和母亲之间的丝丝绊绊，一直折磨着她的巨大冲突，随着母亲的辞世，终于画上了句号。一切均已彻底成为过去，留下的只有无边无尽的回忆。

她记得，许多年来她一直在进行努力，但也一直深为无法与樊妮和芭兹重修旧好而难过。她同样记得，在樊妮生前的最后这几年里，她的心境早已释然，她对母亲和姐姐的恩怨渐渐消逝，已经变得温和、豁然、宽宏和大度。

永垂不朽的护士

南丁格尔 60 岁的时候，她开始拥有了安宁而温馨的暮年。她与母亲和姐姐之间的误解在晚年得到冰释。原先因为得不到她们的体谅，南丁格尔内心一直存在着怨怒。这个感觉扩大了与母亲、姐姐之间的鸿沟。

然而，母亲越来越老，渐渐地像个孩子，眼睛瞎了，行动也迟缓了；而芭兹的健康也是越来越坏，经常久病在床。对于生重病的人，南丁格尔总是深感怜悯，故而南丁格尔的不平之怨，也在不知不觉中消失于无形。这些内心的变化，使得她恢复了"慈祥"的个性，比以往更温柔并且心存宽容。

她也不像过去那样时常有失败感："我真的这么一无所成吗？为什么非要这样胡乱地指责自己呢……"更不再以悔恨的心情对过去的事情作无谓的感叹，她知道自己还能做许多事情，必须勇敢地向前方看。

1884 年戈登救援队被派到埃及时，政府委托南丁格尔推荐护士。她就亲自考选了一批护士并签订合同。想到当年她曾到埃及旅行以摆脱苦闷，她感到那段痛苦的回忆仿佛是一场梦。

这批护士优异的工作表现，是大家有目共睹的。即使也有过与当地看护兵发生冲突或医疗用品补给中断的事情，但当局仍然十分善待她们。

南丁格尔的身体慢慢好转过来。但她的生活依旧以工作为重，时常工作到夜深人静的时分。虽然有时她想到自己的生命已至迟暮，或是因感叹老友一个个离开人世而自觉孤寂，但是她的生命之火始终在燃烧着。那火啊，不曾熄灭。

渐入老年的她已不像以前那样容易发脾气，也不像以前那样严格甚至有点苛刻地追求完美。所有的欲望都已化作宽容的心。现在的南丁格尔，犹如沉浸在初春的阳光下愉快而自得。

1886 年，有议员提出一个提案。提案是关于受训护士要给予公认的资格，并以确立的标准为依据颁发护士执照。全国医院联盟委员会主张邀请一些与任何护士学校均无关的人士组成考选委员会。经过考试合格后的护士，就核发执照并公布名单。

南丁格尔不赞成仅以考试来评断是否合格，因为护士本身的人格条件也是极重要的一环。奉献精神、亲切、同情心……都是护士应具有的特质。但这一切又岂是一场考试可以裁定的。

另外，护士协会又有不同的意见。他们主张只要受过训练的护士，就可以登记执照，而所谓的资格，即以在医院中有 3 年的实际工作经验为首要条件。后来护士协会还通过信奉基督教的公主向女王请求，要求发给特许执照，不过并未受到普遍的支持与认可。

这场纷纷扰扰的风波令南丁格尔无暇顾及，她的确是老了。虽然精神仍然很好，但她的世界却越来越小。年老的她开始和近亲们往来，保持一定的联系。

如果说南丁格尔的大半生受尽了苦难与折磨，那么她的晚年生活可说是已获得了补偿。因为很少有人在晚年像她一样幸福。

许多人敬她如敬神。始终有大臣官员、皇亲国戚、政治家来向她讨教，对她十分敬畏。对于全世界的女性而言，她是新时代与新希望的象征。然而，她也有平凡的一面。虽然她一生都独身，但她仍能与年轻人打成一片，并保持坚毅祥和的性格。

年老的南丁格尔，面容平静自若，喜欢将日常的心事坦诚地与他人分享。诗人克拉夫的儿子，就曾经找她谈论感情的事情。

她家中的布置令人难忘。花环绕着床，洁白、明亮、井然有序，亲戚的孩子常说："老婆婆，你家里好清洁啊！"

是的，如果走进南丁格尔的居室，你立即会获得一种整洁、明亮的印象。在她的卧室中，法国式的落地窗正对着阳台。四壁洁白无瑕，窗明几净，室内浴满阳光。

尤其使人印象深刻的是，在落地窗前的花架上，一年四季都放满了威廉·拉斯明送来的盛开着的鲜花。整个房间异乎寻常的优雅、清新。这样的环境，不由得使你感觉精神饱满。而窗外是树木、花草和小鸟的鸣叫声。夏天，阳光会透过树叶的缝隙照在地上。斑驳的阴影，像起伏的人生，沉郁地焕发着某种沧桑的气息。

在这样的时候，南丁格尔就可以站起身，到客厅里接待客人了。在很多客人的印象里，她身穿黑色丝绒长袍，围一条白色围巾，整个人显得高贵、庄重。她经常自己动手做家务，还将一天之中客厅、卧室和厨房的固定工作列了一个工作进度表。

这段时间，她的工作除了咨询、回信和记日记外，她又以重读青少年时代喜爱的旧书为乐。她也兴致勃勃地关心着 19 世纪后半期的医学进展：细菌学、免疫学研究的进展；麻醉与消毒方法的进步；预防医学的兴起和精神病人的解放；X 光的发现与运用……思索着这些医学成就与护理学的关系。

南丁格尔对物种起源学说、留声机、电灯、电影等新的科学成果，也深感兴趣，并且很自然地立即联想到这些新科技必然会改善医院的条件，有助于医学资料、经验的交流传播。她还遗憾地发现她对中国、印度、阿拉伯等国家的传统医学接触甚少。

在个性上变得宽容祥和之后，南丁格尔身体的外观也有了改变。当年，她是那样窈窕、轻盈、婀娜，高贵的气质可以打动每个见到她的人；后来，光阴飞逝，便应了年龄不饶人那句庸俗不堪却千真万确的话。她成了形容憔悴的中年妇人，多年来的奔波与征战，使她饱经忧患的脸上，在依稀可见年轻时的影子的同时，也渐渐多了些皱纹。

而现在的她，是位富态的老妇人，脸上时常会显出开朗的神情。

1889 年，91 岁的玛依姑妈去世了。

1890 年的 5 月，姐姐芭兹去世。

1891 年，南丁格尔 71 岁时，在"小陆军部"中与她共论大事的沙达兰特博士也在 80 岁时去世了。"请多保重！"这是沙达兰特留给南丁格尔的最后一句话。

1893 年，乔伊特教授也离开了人世。生前他在致南丁格尔的一封信中提到："你所给予我的，我不知何以回报！我只能告诉你，在我后半世的生涯中，以结识你为我最高的荣耀。"

一年又一年的时光流逝，南丁格尔身受多重死别之苦。渐渐地她把自己关在家里。自 1896 年以后她就一直没有离开过伦敦的家。一生的剩余时光，她都在自己的卧房中度过，她的意志力仍在，所以依然手不离工作。

陆军当局不断征求她的意见，她还是颇具影响力的。她也一直和印度保持联系，致力于公共卫生的建设。由于她的深居简出，一年一年有关她的误传越传越广。世人已将她的影像，如同伟人一样烙印在心中，很多人都以为她已不在人世。

1897 年纪念维多利亚女王即位 60 周年，在一项"维多利亚女王时代展"中将展出南丁格尔的工作成就，主办者请南丁格尔把女王继位以来的看护法做成图表公之于世，并且邀请她出任博览会的主要委员，但南丁格尔毫无兴趣地回答说："到了这个年纪还要我去献丑吗？"

主办者回答说："不能这么说，不但不是让您献丑，您那光荣的功绩将是照耀人的太阳，请务必捧场。英国看护法的历史是您始创的，要是没有您的话，这个纪念博览会也将毫无意义。"

南丁格尔最终还是被说服了，在这次博览会中，她的一座胸像和她在克里米亚战争中所乘的马车被展览出来。有一位不知姓名的观众每天都在南丁格尔小姐的半身塑像前献上一束鲜花。而那辆马车虽然已经很破旧了却是人们从克里米亚赎回来赠给南丁格尔的。

"这是天使乘坐过的马车！"会场上有一位老兵，走到马车跟前严肃地亲吻它。这位老兵大概是忘不了过去在克里米亚战场上，受到南丁格尔的种种恩惠吧！

这项展览深深吸引了广大观众。

青山夕照，斜晖依旧美丽，南丁格尔关心着与她交谈的每一位青年。谁有什么心事都愿意找她诉说。克劳的几个儿子都向她坦露了各自的爱情秘密，肖尔的女儿们也把各自的考试卷子拿给她审阅。她的博爱精神甚至越出自家墙垣，普照着周围每一个人，包括街上的小贩和警察。家中的事务南丁格尔样样操心，每个人的健康她都记挂在心上。

但薄暮的阴翳依旧降临。她渐渐失明了，但仍以不屈的精神展望着未来。

有一天，陪她同住的斯蒂芬女士说起一个刚刚去世的人，斯蒂芬说这个人操劳一生，这下总可以安息了。不料南丁格尔听后立即坐了起来，很认真地说："不，我相信，宇宙的运动是无穷的。"

1901年，比南丁格尔大1岁的维多利亚女王去世了！她是最了解南丁格尔并且全力支持她的唯一同性好友。这位极力赞助她，为她解除困难的女王，却在81岁时与南丁格尔永别了。

内心隐痛的南丁格尔翻阅当年的日记，在1893年11月3日，她写道："39年前的今天，我带着无限的祝福到斯卡特里，长久以来，我梦寐以求的事业终能如愿以偿。现在，环绕我的却是忧伤和失意。神呀！我愿搭上天国的船，随您回航。"

1897年12月25日是克里米亚巴拉克拉瓦战役的纪念日，南丁格尔曾在那天为参加战争幸而生还的老兵们写了一封信，信的结尾是这样写的："不要厌恶人生，生命是神最伟大、最神圣的赐予，只要能依照神的旨意，行使神的使命，那么不论是今生或来世，我们的生命都将散发出无限的光芒，愿神祝福你们！"

这是南丁格尔的心声和信念。此时，她渐趋衰竭的身体令她只能依靠身边精明强干、品格高尚的秘书和女佣人来协理日常事务。

始终放在床头的纸和笔，现在已不见了。自从她无法再提笔后，便改用口述的方式，由秘书随时笔录。现在她连口述的能力都丧失了，因此只好完全停止她所热爱的工作。

来自各地的信件，仍如雪片般纷飞，其中以士兵的信件最能使南丁格尔感到欣慰。

在她的眼睛尚能清晰地分辨事物时，她赏玩着花。1901 年，她完全失明了，便请人读报，告诉她世界大事。这些已成为她日常生活最快乐的享受。至于传记类以及幽默有趣、豪情洋溢的叙事诗，也被她所热爱，每当听到高潮或精彩的地方，她都会情不自禁地鼓掌叫好。

但由于年事渐高，南丁格尔有时甚至丧失了时间和空间意识。1906 年，有关当局已不得不转告印度事务局，不必再给南丁格尔小姐寄有关卫生工作的文件了。她已经完全失去神志。

就在她已经完全超脱于人世间的欢乐与痛苦的时刻，各种荣耀接二连三地降临到她头上。

1907 年，国际红十字会年会通过了对南丁格尔表达崇高敬意的赞辞决议。

同年 11 月，英国国王爱德华七世授予南丁格尔荣誉勋章，这种勋章还是首次授予女性。勋章由国王的使者亲自送到南丁格尔在伦敦的住所，当场举行了简短的颁赠仪式。南丁格尔倚靠着枕头，勉强支撑着坐在床上接受了国王的赞誉。

这是她最后一次露面。

1910 年夏天，她的病情恶化了。在这最后的两年多中，她大多处在半昏迷状态。她的鬓发似雪，皮肤依然润泽，但日日夜夜，一动不动地躺在床上。

这是非常平静的诀别。1910 年 8 月底，她的病情再度恶化，13 日午后，她开始进入昏睡状态，到了下午 14 时 30 分，便与世长辞了。

临终之前，她没有留下一言半语，便悄然而安静地去了！南丁格尔临终没有留下遗言，但她生前早已写好遗嘱。遗嘱以她特有的耐心和细致，详尽地交代了遗物的分赠和处理事宜，对葬礼的说明却比较简单，主要是不要兴师动众，由秘书、护士、律师和一名牧师护送到墓地已经足够，墓地上除了一个简单朴素的十字架形墓碑外，不要再有任何纪念性的建筑。墓碑上不留姓名，只刻写姓名缩写字母和生卒年份：N. F. 1820 年生，1910 年卒。

仅由三四个人送葬的遗言没法遵守，因为自发前来送行的人太多了，绵延了好几千米长。

其实，她立遗嘱不仅这一次。当年，她在克里米亚患热病的险境里，也曾写下一份遗嘱，虽然那份遗嘱不如她最后的遗嘱详尽、琐碎，但或许更真实地反映了她的志趣，她在那份遗嘱中写道：

如果有来生，我仍愿做一个照看病人和伤兵的护士！

南丁格尔走了，从人们的视线中永远地消失了，但在人们的思想中却永远地活下来了，她是永垂不朽的护士。

附　录

　　找借口好吗？我的成功归于：我从不找借口，也绝不接受借口。

——南丁格尔

经典故事

心地善良的少女

父亲威廉和母亲樊妮，都有着贵族血统。在英国，他们拥有两处豪华的别墅，南丁格尔的童年，是在天堂般的环境中度过的。

可是，让人感到奇怪的是她的兴奋点，却往往不在小伙伴们身上。她爱骑小马，爱和身边的小猫、小狗、小鸟们聊天、玩耍，乐于照看它们。

有一次，一只小山雀死了，她用手帕把小山雀包起来，把它埋在花园内的松树下，还竖起了一块小墓碑，上面写了墓志铭：

可怜的小山雀
你为何死去
你头上的皇冠
是那样美丽
但是现在
你却躺在那里
对我不理不睬
不闻不问

私下里偷偷学医

南丁格尔年少的时候，在离家不远的几千米处有一个诊疗所，主治医师富勒先生很有名气。于是，她打算说服父母去"拜师学艺"。不料，父母都极力反对。

但为了自己的梦想，在巨大的精神压力下，她没有屈服。而是偷偷钻研起医院报告和政府编印的蓝皮书。她还私下里给国外的专家写信，向他们请教各种问题。并且，还时不时地索求有关巴黎和柏林两市医院情况的调查报告。她徜徉在自己的梦想世界里，孜孜不倦地吸收着医学的营养。

南丁格尔誓言

余谨以至诚于上帝及会众面前宣誓：终身纯洁，忠贞职守，尽力提高护理之标准；勿为有损之事，勿取服或故用有害之药；慎守病人家务及秘密，竭诚协助医生之诊治，务谋病者之福利。

这个誓言后来就被全世界的护士学校与护理学系所使用，使后来的学生们记得南丁格尔所提倡的："护理是熟练技术的手，冷静看出细节的头脑，爱与温暖的心。她是一种科学，也是照顾人生命的艺术。"

亲吻天使的背影

在克里米亚战争中有一个伤兵写道："南丁格尔还没有来之前，这里充满了咒骂与下流的语言，现在没有人讲脏话了，凡她在的地方，变得像所神圣的教堂。每天晚上看着她提灯在我们中间走过，那是何等温馨的景象，她弯腰说安慰的话，鼓励我们，有时点点头，有时微微笑，我们那一间躺了几百个人，她不可能招呼每一个人，当她的身影经过床边时，我们亲吻她的影子，我们感谢她。"

从此 100 多年，英国士兵不讲脏话，成为他们光荣的传统。

年　谱

1820 年 5 月 12 日，出生于意大利佛罗伦斯。

1833 年，从父亲和家庭教师处，接受外语、历史、哲学、音乐、绘画等教育。

1837 年 2 月 7 日，第一次听到"神的召唤"。之后，一家人出发到法国、意大利、瑞士等国家，进行了一年半的旅行。

1838 年 5 月 24 日，拜谒维多利亚女王。此时，她开始不满自己的生活，过着抑郁苦闷的日子。

1842 年，活跃于社交界，认识了理查德·米尔恩斯，此人深爱着南丁格尔，后来向她求婚，但遭到拒绝。

1844 年，她认定自己的天职就是照顾病人，做一名天使。

1845 年，对家人表示自己决意做护士，却受到强烈反对。后来就在使命感与家人反对的夹缝中痛苦挣扎。

1847 年，和塞丽娜夫妇到意大利旅行。

1851 年夏天，到恺撒沃兹学习了 3 个月的护理法。

1853 年 3 月，受人委托重建协助贫穷病妇委员会，并赢得了好评。

1854 年 3 月，英法在克里米亚参战，陆军长官史得尼·赫伯特邀请她组织、领导护士团。

1855 年 5 月，在帕拉库拉玛患了克里米亚热病，病情十分危急。

1856 年 3 月 30 日，克里米亚战争结束。7 月 28 日，踏上回国之途。9 月，她向女王建议有关军队卫生状况需要改善，后来也对陆军及印度卫生的种种问题提出意见，终生都产生影响力。

1859 年，出版《家用护理手册》，为家庭妇女提供一般的护理常识和简易的护理方法。

1860 年 7 月，用"南丁格尔基金"成立护士学校。

1861 年，认识威廉·拉斯明，开始致力于贫民问题。

1865 年，派遣阿格妮斯为护士长，到利物浦贫民医院。

1897 年，在纪念维多利亚女王即位 60 周年的展览会中，展出了南丁格尔近半个世纪的工作成就，引起巨大的轰动。

1907 年，荣获爱德华七世国王首次向妇女颁发的荣誉勋章。

1910 年 8 月 13 日，于伦敦病所去世，享年 90 岁。

名　言

● 让我们从普遍原则开始。

● 不断地谈论希望对人是灾难。

● 悉心的护理才能真正避免疾病的流行。

● 所谓和平，只是两场战争之间的间隙而已。

● 要细心观察，记住，只有事实才是最重要的。

● 人不喜欢谈论他们自己，他更喜欢去谈论外界。

● 护理其实很简单，就是知道什么事该做，什么事不该做。

● 上帝是仁慈的，出于为人的考虑，他说了很多荒谬的安慰人类的话。

● 生命和社会历史的发展都是一个生病、康复、生病……这样一个过程的循环。

● 护理本身是一项最精细的艺术，精细的艺术要靠高洁的护风和高尚的护德铸就。

● 我不会装腔作势教他们如何做，我将要求他们自己教会自己。为此，我只是大胆提一些建议而已。

● 人生欲求安全，当有五要：一是清洁空气；二是澄清饮水；三是流通沟渠；四是扫洒屋宇；五是日光充足。

● 也许若干年后，我们可以达到喜马拉雅山脚，当我们不能到达它的山脚时，请先不要谈论关于山顶的问题。

● 怎样使人身心不生病和怎样使人从疾病中康复，这样的知识是很有必要的，是每个人都要去掌握和了解的。

● 护理工作是平凡的，然而护理人员都用真诚的爱去抚平病人心灵的创伤，用一样的热情去点燃患者战胜疾病的勇气。

● 疾病是为了保护我们而提出的信号，是自然为保护我们而安排的正常进程，遗憾的是我们因为无知和太注意疼痛和难受而打断了这有益的进程。

● 你想做一件事情是因为这件事对你来说很好，而不管它是不是适合你来做，不要听信那些武断的、僵化的老生常谈，带着一颗纯洁而朴实的心去完成上帝交给你的工作，你自己愿意做的。

图书在版编目(CIP)数据

南丁格尔／王翠玉编著. —北京：中国社会出版社，2012.9
(2022.6 重印)
(世界名人非常之路)
ISBN 978－7－5087－4145－1

Ⅰ．①南… Ⅱ．①王… Ⅲ．①南丁格尔，F.（1820～1910）－
生平事迹 Ⅳ．①K835.616.2

中国版本图书馆 CIP 数据核字（2012）第 201431 号

出 版 人：浦善新	策划编辑：侯　钰	
责任编辑：侯　钰	封面设计：张　莉	

出版发行　中国社会出版社　　　　　地　　址：北京市西城区二龙路甲 33 号
邮政编码：100032　　　　　　　　　编 辑 部：(010)58124867
网　　址：shcbs. mca. gov. cn　　　发 行 部：(010)58124866
经　　销：各地新华书店

印刷装订：北京华创印务有限公司　　开　　本：170mm×240mm 1/16
印　　张：13　　　　　　　　　　　字　　数：200 千字
版　　次：2012 年 9 月第 1 版　　　印　　次：2022 年 6 月第 4 次印刷
定　　价：49.80 元

中国社会出版社微信公众号

中国社会出版社天猫旗舰店